Kendi Kendinize

Pratik İngilizce Konuşma Kılavuzu

Pratik İngilizce
Konuşma Kılavuzu

Türdav Yayın Grubu
Adına Editör Mehmet Dikmen
Baskıya Hazırlık Türdav Ajans
Baskı ve Cilt Alioğlu Matbaacılık
Orta Mah. Fatin Rüştü Sk. No:1-3A
Bayrampaşa - İst.
Tel: (0212) 612 95 59 Fax: (0212) 613 09 83
sertifika no:11946

İstanbul / 2013
ISBN 978-975-6195-79-6

Yayıncı Sertifika No: 16440

TÜRDAV YAYIN GRUBU

Göztepe Mh. Mahmutbey Yolu Orhangazi Cd. No:16
Bağcılar / İSTANBUL
Tel: (0212) 446 08 88 (pbx) Fax: (0212) 446 00 15
www.karanfil.com.tr • bilgi@karanfil.com •
www.kitapkutusu.com

KENDİ KENDİNİZE

PRATİK İNGİLİZCE KONUŞMA KILAVUZU

Hazırlayan
Cansu Özkan

Karanfil
YAYINLARI

ÖNSÖZ

Yabancı dil bilmeyen ve iş gezi veya diğer amaçlarla yurt dışına giden insanların iletişim problemleri her zaman bir kabus olarak karşılarına çıkar.

Yol sormak, yemek yemek, alışveriş yapmak ve benzeri basit ihtiyaçlarını karşılamak, onlar için aşılması zor bir engeldir.

Gerek yurt dışında, gerekse ülkemizde ingilizce olarak yabancılarla temel iletişim ihtiyacınızı karşılamak üzere hazırlanmış bu kılavuz kitap, sizin en büyük yardımcınız olacaktır.

Karanfil Yayınları

Selamlaşma / Ayrılma

Merhaba / Selam
Hello / Hi
[helo / hay]

Hoşgeldiniz!
Welcome
[velkam]

İyi günler!
Have a good day
[hev e gud dey]

Günaydın!
Good morning
[gud morning]

Tünaydın!
Good afternoon
[gud aftınun]

İyi akşamlar!
Good evening
[gud ivning]

İyi geceler!
Good night
[gud nayt]

Nasılsın?
How are you?
How do you do?
[hav ar yu? hav du yu du?]

Nasıl gidiyor? / Ne haber?
What is up?
[vatz ap?]

İyiyim. Teşekkürler.
I'm fine. Thanks
[aym fayn. tenks.]

Güle güle
Good-bye
Bye
[gudbay / bay.]

Sonra görüşürüz
See you later.
[si yu leytır]

Yakında görüşürüz.
See you soon.
[si yu suun]

(Çok) Teşekkürler
Thank you (very much)
Thanks
[tenk yu (veri maç)]

Birşey değil.
You're welcome
[yor velkım]

Kendinize iyi bakın!
Take care!
[teyk keyr]

Görüştüğümüze sevindim.
I am pleased to see you.
[ay em plizd tu si yu]

Tanıştığımıza memnun oldum.
Nice to meet you.
[nays tu mit yu]

Aramayı unutmayın.
Do not forget to call.
[dont forget tu kol]

Size yardım edebilir miyim?
Can I help you?
[ken ay help yu]

Bana izin verir misiniz?
Would you excuse me, please?
[vud yu ekskuz mi pliiz?]

Elveda
Bye-bye / farewell
[bay bay / feyrvel]

Tanışma

Adım ...

My name is ...

[may neym iz]

Soyadım...

My second/ last name is...

[may sekınd / lest neym iz...]

Adınız nedir?

What's your name?

[vats yor neym]

Nerelisiniz?
Where are you from?
[ver ar yu from]

Türkiye'den geldim.
I'm from Turkiye.
[aym from Turkiye]

Türk'üm.
I'm Turkish.
[aym Törkiş]

...'da yaşıyorum.
I live in ...
[ay liv in ...]

Öğrenciyim.
I am a student.
[aym e studınt]

muhasebeci: accountant *[ekauntınt]*

avukat: lawyer *[loyır]*

polis: cop *[kap]*

doktor: doctor *[daktır]*

hemşire: nurse *[nörs]*

öğretmen: teacher *[tiiçır]*

mühendis: engineer *[encinyır]*

gazeteci/ muhabir: reporter *[riportır]*

müdür: manager *[menecır]*

bilim adamı: scientist *[sayntist]*

satıcı: salesman *[seylzmın]*

şoför: driver *[drayvır]*

mimar: architect *[arkitekt]*

aşçı: cook *[kuk]*

oyuncu: actor/ actress *[ektır / ektress]*

şarkıcı: singer *[singır]*

ressam: artist *[artist]*

yazar: writer *[raytır]*

... yaşındayım.

I am ... years old.

[aym ... yiırz old]

Evliyim.

I am married.

[aym merid]

... çocuğum var.

I have ... children

[ay hev ... çildrın]

Bir oğlum var.

I have a son

[ay hev e san]

Bir kızım var.
I have a daughter.
[ay hev a dotır]

Bekarım.
I am single.
[ay em singıl],

Size katılabilir miyim?
May I join you?
[mey ay coin yu]

Bu sandalye dolu mu?
Is this seat taken?
[iz dis siit teykın]

Sizi Bay / Bayan ... ile tanıştırabilir miyim?
May I introduce you to Mr. / Mrs. / Ms. ...?
[mey ay introdus yu tu...?]

Daha önce tanışmış mıydınız?
Have you met before?
[hev yu met bifor]

Birbirinizi tanıyor musunuz?
Do you know each other?
[du yu nov iç adır]

Ne içersiniz?
What are you drinking?
[vat ar yu drinkin]

Konuşma

Anadilim Türkçe.
My mother language is Turkish.
[may madır lenguiç iz Törkiş]

Biraz İngilizce konuşuyorum.
I speak English a little.
[ay spik ingliş e lidıl]

İngilizce biliyor musunuz?
Do you speak English?
[du yu spik İngliş]

Fransızca bilmiyorum.
I can't speak French.
[ay kent spiik firenç]

Pardon?
Pardon?
[pardın]

Anlıyor musunuz?
Do you understand?
[du yu andırstend]

Anlıyorum.
I understand. / I see.
[ay andırstend]

Anlamıyorum.
I don't understand.
[ay dont andırstend]

Anlamadım.
I didn't understand
[ay didınt andırstend]

... aydır İngilizce öğreniyorum.
I have been learning English for ... months.
[ay hev bin lörning ingliş for ... mants]

Biraz yavaş konuşur musunuz, lütfen?
Can you speak a little slower, please?
[ken yu spik e lidıl slovır pliz]

Tekrarlar mısınız?
Can you repeat?
[ken yu ripit]

... ne demek?
What does ... mean?
[vat daz ... miin]

Türkçe biliyor musunuz?
Do you speak Turkish?
[du yu spik Törkiş]

İngilizce'de ... nasıl söylenir?
How do you say .... in English?
[hav du yu sey ... in İngliş]

Telefonda

Alo.
Hello.
[helo]

...'nın alan kodu kaç?
What is the area code of ...?
[vat iz di erya kood of ...]

Kiminle görüşüyorum?
Who is this speaking, please?
[hu iz dis spiiking pliiz]

Ben ...
This is ...
[dis iz...]

Lütfen ... ile görüşebilir miyim?
Can I speak to ... please?
[ken ay spiik tu ... pliiz]

Bir saniye.
Just a moment.
[cast e momınt]

Şu anda meşgul.
He/ she is busy right now.
[hi / şi iz bizi rayt nav]

Mesaj alabilir miyim?
Can I take a message?
[ken a teyk e mesıc]

Mesaj bırakmak ister misiniz?
Would you like to leave a message?
[vuc yu layk tu liiv e mesıc]

Sizi daha sonra arayabilir miyim?
Can I call you back later?
[ken ay kol yu bek leytır]

Yanlış numara.
This is a wrong number.
[dis iz e rong nambır]

Numara meşgul.
Line's busy.
[layn iz bizi]

Cevap yok.
There is no answer.
[der iz no ensır]

Numaraya şu an ulaşılamıyor.
The number can not be reached at the moment.
[dı nambır kennat bi riiçd et dı momınt]

Kimse telefonu açmadı.
Nobody answered the phone.
[nobadi ensırd dı fon]

Telefonum kesildi.
My phone was disconnected.
[may foon waz diskonektıd]

Bağlantı kötü.
This is a bad connection.
[dis iz e bed konekşin]

Aradığınız için teşekkürler.
Thanks for calling.
[tenks for kolling]

Please leave a message after the beep.
Lütfen sinyal sesinden sonra mesaj bırakın.
[pliiz liiv e mesıc eftır dı biip]

Adres Sorma / Tarif Etme

En yakın ... nerede acaba?
Where is the nearest ...?
[ver iz di niirıst ...]

...ye nasıl gidebilirim?
How can I get to the ...?
[hav ken ay get tu dı ...]

Telefon: Telephone / booth *[telıfon boot]*

Postane: Post Office
[post ofis]

Otobüs durağı: Bus stop
[bas stap]

Hastane: Hospital
[haspitıl]

Havaalanı: Airport
[eyirport]

İstasyon: Train Station
[treyn steyşın]

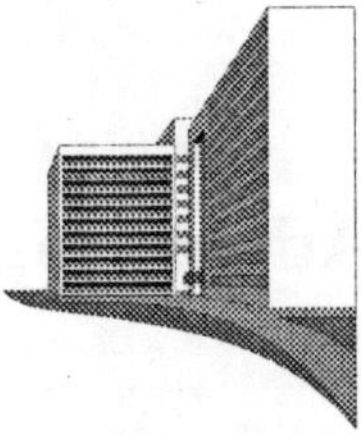

Otel: Hotel *[hotıl]*

Karakol: Police Station
[pılis steyşın]

Alışveriş Merkezi:
Shopping Mall *[şoping mol]*

Banka: Bank *[benk]*

Bakkal: Grocery store
[gırosıri stor]

Hediye Dükkanı: Souvenir shop
[suvenir şap]

Berber: Barber-shop
[barbır şop]

Kitapçı: Book store
[buk stor]

Turizm Ofisi: Tourism Office
[turizm ofis]

Yakınlarda bir ... var mı?
Is there a ... near here?
[iz der e ... niır hiır]

...nın yanında bir ... var.
There is a ... beside the ...
[der iz e ... bisayd dı ...]

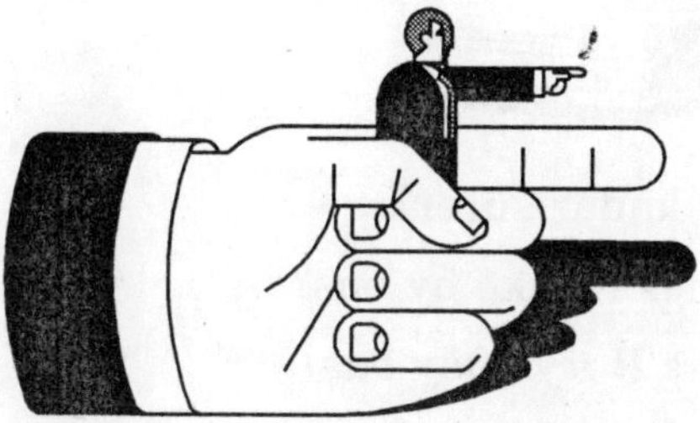

Düz gidin; sola/ sağa dönün.
Go straight; then turn left/ right.
[go streyt den törn left / rayt]

Sokağın karşısında bir ... var.
There is a ... across the street.
[der iz e ... ekros dı sıtriit]

Bana bu adresi gösterebilir misiniz?
Can you show me the address?
[ken yu şov mi dı edres]

Sağdaki/ soldaki ilk sokak.
It is the first street on the right/ left.
[it iz dı först sıtriit on dı rayt / left]

Otobüsle ne kadar sürer?
How long does it take by bus?
[hav long daz it teyk bay bas]

Buradan yürüyerek ... dakika sürer.
It is a ...-minutes walk from here.
[it iz e ... minits volk from hiır]

Beni oraya götürebilir misiniz?
Can you take me there?
[ken yu teyk mi der]

Yolumu kaybettim. / Kayboldum.
I lost my way. / I am lost.
[ay lost may vey / ay em lost]

Kutlamalar/ Özürler

İyi şanslar.
Good luck.
[gud lak]

Tebrikler.
Congratulations!
[kongraculeyşıns]

Mutlu yıllar!
Happy birthday!
[hepi börtdey]

Çabuk iyileşin.
Get well soon!
[get vel suun]

Şerefe!
Cheers!
[çiirz]

Çok yaşa!
Bless you!
[bles yu]

Başınız sağolsun.
My condelences.
[may kondolınsıs]

İyi yolculuklar.
Have a nice trip.
[hev e nays trip]

İyi tatiller!
Have a nice vacation.
[hev e nays vekeyşın]

Mutlu bayramlar!
Happy holidays!
[hepi halideyz]

İyi yıllar!
Happy new year!
[hepi niuv yiır]

İyi eğlenceler!
Have fun. / Enjoy yourself. /
Have a nice time.
*[hev fan / incoy yorself /
hev e nays taym]*

Mutlu yıldönümleri!
Happy anniversary!
[hepi enivörsıri]

En iyi dileklerimle.
My best wishes.
[may best vişıs]

Afiyet olsun.
Enjoy your meal.
[injoy yor miıl]

Çok naziksiniz.
You are very kind.
[yu ar veri kaynd]

Yardımınız için teşekkürler.
Thanks for your help.
[tenks for yor help]

Sizin için yapabileceğim bir şey var mı?
Is there anything I can do for you?
[iz der eniting ay ken du for yu]

Özür dilerim/ Çok üzgünüm.
I am very sorry.
[ay em veri sori]

Çok yazık!
What a pity!
[vat e piti]

Bağışlayın.
Excuse me. / Forgive me.
[ekskuz mi]

Tarih / Zaman

Saat kaç?
What time is it?
[vat taym iz it]

Saat ...
It's ... o'clock.
[its ... oklok]

Saat ...yi çeyrek geçiyor
It's quarter past ...
[its kuartır past ...]

Saat ...ye çeyrek var.
It's quarter to ...
[its kuartır tu ...]

Saat ... buçuk.
It's half past ....
[its helf past ...]

Çok geç.
It's very late.
[its veri leyt]

Çok erken.
It's very early.
[its veri örli]

İlkbahar / yaz/ sonbahar / kış
Spring / summer / autumn(fall) / winter
[spring / samır / otumn (fol) / vintır]

Bugün günlerden ne?
What is the day today?
[vat iz di dey tudey]

Günler:

Pazartesi- salı- çarşamba- perşembe- cuma- cumartesi- pazar

monday- tuesday- wednesday- thursday- friday- saturday- sunday

[mandey- tuuzdey- venzdey- törzdey- fraydey- saturdey- sandey]

Hangi aydayız?
What month are we in?
[vat mant ar vi in]

Aylar

ocak	: january *[cenyueri]*
şubat	: february *[februeri]*
mart	: march *[març]*
nisan	: april *[eyprıl]*
mayıs	: may *[mey]*
haziran	: june *[cuun]*
temmuz	: july *[culay]*
ağustos	: august *[ogıst]*
eylül	: september *[septembır]*
ekim	: october *[oktobır]*
kasım	: november *[novembır]*
aralık	: december *[disembır]*

... aydır buradayım.
I have been here for ... month(s).
[ay hev biin hiır for ... mant(s)]

How long will you stay?
Ne kadar kalacaksınız?
[hav long vil yu sıtey]

... kadar buradayım.
I will be here until ....
[ay vil bi hiır antil]

5 ekime kadar kalacağım.
I will stay until the 5th of October.
[ay vil sıtey antil dı fift of oktobır]

Bir hafta içinde orada olacağım.
I will be there in a week.
[ay vil bi der in e viik]

Ne zaman döneceksiniz?
When will you go back?
[ven vil yu go bek]

Hava Durumları

Hava nasıl?
How is the weather?
[hav iz di vedır]

Hava çok güzel.
The weather is very nice.
[dı vedır iz veri nays]

Hava çok kötü.
It's a bad weather.
[its e bed vedır]

Yağmur yağıyor mu?
Is it raining?
[iz it reyning]

Kar yağıyor mu?
Is it snowing?
[iz it sınoving]

Hava güneşli.
It's sunny.
[its sani]

Dışarda hava soğuk.
It's cold out there.
[its kold aut der]

Karlı / yağmurlu
snowy/ rainy
[snovi / reyni]

İzin Alma / Rica etme / Yardım

Sigara içebilir miyim?
Can I / May I smoke?
[ken ay / mey ay smok]

Korkarım yapamazsınız.
No, I am afraid not.
[no, aym efreyd nat]

Please don't ...
Lütfen ... yapmayın.
[pliiz don't nat...]

Evet, yapabilirsiniz
Yes, you may.
[yes, yu mey]

Bir şey sorabilir miyim?
May I ask you something?
[mey ay esk yu samting]

Girebilir miyim?
Can I come in?
[ken ay kam in]

Bir bardak su alabilir miyim?
Can I have a glass of water, please?
[ken ay hev e gıles of votır pliz]

Buyrun.
Here you go.
[hir yu go]

Yardım edebilir misiniz?
Can you help me please?
[ken yu help mi pliz]

Beni dinler misiniz?
Would you listen to me please?
[vud yu lisın tu mi pliz]

Rica etsem...
May I please...
[mey ay pliz]

Kabul- Red / Öneri

Katılıyorum.

I agree.

[ay egrii]

Katılmıyorum.

I disagree.

[ay disegri]

Sanırım yanılıyorsunuz.

I think you are wrong.

[ay tink yu ar rong]

Sanırım haklısınız.
I think you are right.
[ay tink yu ar rayt]

Elbette. Tabii ki.
Of course. / Allright.
[of kors / olrayt]

Belki / olabilir.
Maybe. / Perhaps.
[meybi / pörheps]

Mümkündür.
It is possible.
[it iz pasibıl]

Kesinlikle.
Certainly / absolutely
[sörtınli / ebsulutli]

Mümkün değil.
This is impossible. / No way.
[dis iz impasibıl]

Sanırım / bence...
I think...
[ay tink]

... yapmanızı öneririm.
I advice you to...
[ay edvayz yu tu]

Beğeni / Yakınma

... hoşlanıyorum.
I like to...
[ay layk tu]

... hoşlanmıyorum.
I do not like to... / I dislike ...
[ay du nat layk tu / ay dislayk]

Nasıl hissediyorsunuz?
How do you feel?
[hav du yu fill]

Endişelenmeyin. / Üzülmeyin.
Do not worry.
[dont vöri]

Sakin olun.
Calm down.
[kolm davn]

Rahat değilim/ Huzursuzum.
I am uncomfortable.
[ay em ankamfırtıbıl]

Çok rahatım.
I am very comfortable.
[ay em veri kamfırtıbıl]

Çok iyi hissediyorum.
I am feeling great.
[ay em fiiling greyt]

İyi hissediyorum.
I feel good. / I am OK.
[ay fiil guud / ay em okey]

Fena değil.
Not bad.
[nat bed]

Şöyle böyle.
So so.
[so so]

Daha iyi oldum.
I have been better.
[ay hev biin betır]

Her zamanki gibi.
Same as usual.
[seym ez yujuıl]

Bu günlerde çok meşgulum.
I am very busy these days.
[ay em veri bizi diiz deys]

Kötü hissediyorum.
I am feeling bad.
[ay em fiiling bed]

Hastayım.
I am feeling ill.
[ay em fiiling ill]

Yorgunum.
I am feeling tired./ I am tired.
[ay em filing tayırd / ay em tayırd]

Uykum var.
I am sleepy.
[ay em sliipi]

Ülkemi özledim.
I miss my homeland. / I feel homesick.
[ay miss may homlend / ay fiil homsik]

Çok çalışıyorum.
I am working hard.
[ay em vörkin hard]

Açım. / Susadım.
I am hungry. / I am thirsty.
[ay em hangri / ay em törsti]

Yolculuk

Tatilinizi nerede geçireceksiniz?
Where will you spend your holiday?
[ver vil yu spend yor halidey]

Nereye yolculuk yapacaksınız?
Where are you going to travel to?
[ver ar yu going tu tırevıl tu]

Bu yaz ...'ye gidiyorum.
I'm going to ... this summer.
[ay em going tu ... dis samır]

Deniz kenarına gitmek istiyorum.
I would like to go to the seaside.
[ay vud layk tu go tu dı sisayd]

Yurtdışına gitmek istiyorum.
I would like to go abroad.
[ay vud layk tu go ebrod]

Güneye gitmek istiyorum.
I would like to go to the south.
[ay vud layk tu go to dı saut]

Kuzey / doğu / batı / güney
North / east / west / south
[nort / iist / vest / saut]

Daha önce hiç gitmemiştim.
I haven't been there before.
[ay hevınt biin der bifor]

Ne kadar kalacaksınız?
For how long are you going to stay?
[for hav long ar yu going tu sıtey]

... haftalığına.
For ... weeks.
[for ... viiks]

Oraya nasıl gideceksiniz?
How will you get there?
[hav vil yu get der]

Otobüsle gidiyorum.
I'm going by bus.
[aym going bay bas]

Uçak / tren / gemi / yat / araba
plane / train/ ship / yacht / car
[pıleyn / treyn / şip / yaht / kar]

Oraya nasıl gidebilirim?
How can I get there?
[hav ken ay get der]

Oraya ... ile gitmek istiyorum.
I would like to go there by...
[ay vud layk tu go der bay..]

Uçaktan korkarım.
I am afraid of flying.
[aym efreyd of flayin]

Uçağa binmeyi severim.
I love to fly.
[ay lav tu flay]

Geçen yıl ... 'ye gittim.
I went to ... last year. / I was in ... last year.
[ay vent tu... lest yiır / ay vaz in ... lest yiır]

Geçen yaz...'yı ziyaret ettim.
I visited ... last summer.
[ay vizitıd ... lest samır]

Hiç ...'ye gittiniz mi?
Have you ever been to ...?
[hev yu evır biin tu...]

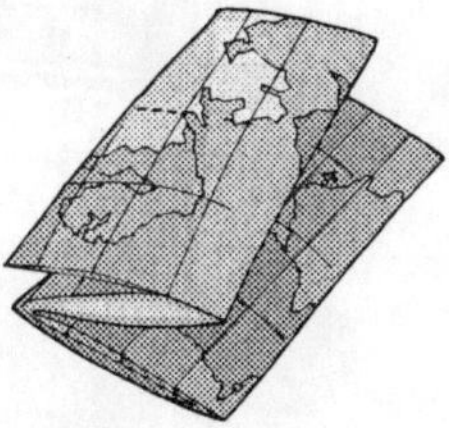

...'yi nasıl buldunuz?
How did you like ...?
[hav did yu layk...]

Bir broşüre bakabilir miyim?
Can I see a brochure?
[ken ay sii e broşür]

Yolculuk ne kadar tutuyor?
How much is the trip?
[hav maç iz dı trip]

Rezervasyon yaptırmak ister misiniz?
Would you like to make reservations?
[vud yu layk tu meyk rezerveyşıns]

Rezervasyon yaptırmak istiyorum.

I would like to make reservations.

[ay vud layk tu meyk rezerveyşıns]

İşte biletiniz.

Here is your ticket.

[hiir iz yor tikıt]

Havaalanı / Uçakta

...'ya bir bilet ayırmak istiyorum.
I would like to book a flight to...
[ay vud layk tu buk e flayt tu...]

Hangi uçak için?
For which flight?
[for viç flayt]

Ne zaman için ayırtmak istiyorsunuz?
When would you like to book a flight?
[ven vud yu layk tu buk e flayt]

Haftaya ... gününe, saat ...
For next ..., to ....
[for nekst ..., tu ...]

Bugün ...'ya uçak var mı?
Are there any flights to ... today?
[ar der eni flayts tu ... tudey]

Bir sonraki uçuş ne zaman?
When is the next flight?
[ven iz di nekst flayt]

Uçak aktarma yapacak mı?
Do I have to change planes?
[du ay hev tu çeync pıleynz]

Direk uçuş mu?
Is it direct?
[iz it dayrekt]

Aktarmalar arasındaki bekleme süresi ne kadar ?
How long is the layover?
[hav long iz di leyovır]

İzmir'de aktarma ... saat sürecek.
There is a ...-hours layover in İzmir.
[der iz a ...-aur leyovır in İzmir]

Ne kadar bagaja izin veriliyor?
How much luggage can I carry on?
[hav maç lagıc ken ay keri on]

Uçakta yer yok.
There are not any vacant seats.
[der ar nat eni veykınt siits]

Uçuş ne zaman?
When is the flight?
[ven iz di flayt]

Bugün ...'ye uçuyorum.
I am flying to ... today.
[ay em flaying tu ... tudey]

Uçak ne zaman kalkıyor?
When is the plane leaving? / What is the departure time?
[ven iz di pleyn liiving / vat iz di diparçır taym]

Uçak kaçta inecek?
When will the plane land?
[ven vil di pleyn lend]

Uçuş ne kadar sürecek?
How long is the flight going to take?
[hav long iz di flayt going tu teyk]

Uçuş numarası nedir?
What is the flight number?
[vat iz di flayt nambır]

Uçak bir saat rötar yapacaktır.
The plane will be an hour late.
[dı pleyn vil bi en aur leyt]

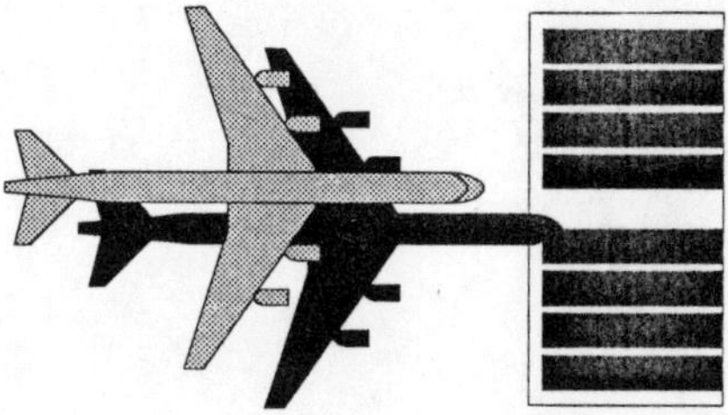

Uçuş iptal edilmiştir.
The flight has been delayed.
[di flayt hez biin dileyd]

Pasaport kontrolü nerede yapılıyor?
Where is the passport control?
[ver iz di pesport kontrol]

Uçağı kaçırdım.
I missed my flight.
[ay misd may flayt]

Uçuşumu iptal etmek zorundayım.
I have to cancel my flight.
[ay hev tu kensıl may flayt]

Bagajınız var mı?
Do you have any luggage?
[du yu hev eni lagıc]

Bagajım kayboldu.
My luggage is missing.
[may lagıc iz mising]

Pasaportunuzu görebilir miyim?
May I see your passport, please?
[mey ay si yor pesport pliiz]

Vizeniz var mı?
Do you have your visa?
[du yu hev yor viza]

Kimliğinizi görebilir miyim?
Can I see your ID, please?
[ken ay si yor aydi pliz]

Buyrun.
Here.
[hiır]

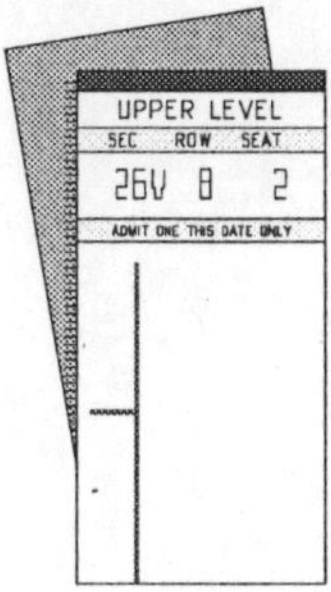

Biletinize bakabilir miyim?
Can I see your ticket, please?
[ken ay si yor tikıt pliiz]

Rezervasyonunuz ne zaman?
When is your reservation?
[ven iz yor rezerveyşın]

Gümrüğe tabi eşyanız var mı?
Do you have anything to declare?
[du yu hev eniting tu dikleyr]

Bunun için gümrük ödemeli miyim?
Do I have to pay duty on this?
[du ay hev tu pey duti on dis]

Bu benim şahsi eşyam.

This is for my personal use.

[dis iz for may pörsınıl yuuz]

Ülkeye yanınızda bir şey getiriyor musunuz?

Are you bringing anything into the country with you?

[ar yu bringing eniting intu dı kauntri vit yu]

Lütfen bavullarınızı masanın üzerine koyun.

Please place your luggages on the table.

[pliz pleys yor lagıcıs on dı teybıl]

Bavulunuzu açabilir misiniz?

Can you open your luggage, please?

[ken yu opın yor lagıc pliiz]

Çantamı kapatabilir miyim?
May I close my suitcase?
[mey ay kloz may süitkeys]

Ziyaret amacınız nedir?
What is the purpose of your visit?
[vat iz di pörpıs of yor vizit]

İş gezisindeyim.
I am on a business trip.
[ay em on e bizinıs trip]

Akrabalarımı ziyarete gidiyorum.
I am visiting my relatives.
[ay em viziting may relativs]

Turist olarak seyahat ediyorum.
I am travelling as a tourist.
[ay em trevıling ez e tuurist]

... nolu çıkış kapısına ilerleyin.
Proceed to gate ...
[prosiid tu geyt ...]

Yanlış uçağa bindiniz.
You boarded the wrong plane.
[yu bordıd dı rong pleyn]

Bu çantayı yanıma alabilir miyim?
May I take this bag with me?
[mey ay teyk dis beg vit mi]

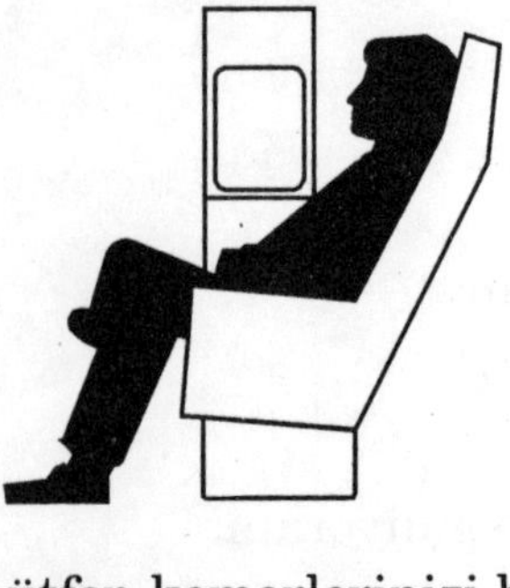

Lütfen kemerlerinizi bağlayın.
Fasten your seatbelts, please.
[festın yor siitbelts pliiz]

Uçağımız kalkmak üzeredir.
Our plane is about to take off.
[aur pleyn iz ebat tu teyk of]

Uçakta dört acil çıkış kapısı vardır.
There are four emergency exits.
[der ar for imörcınsi eksits]

Bir gazete alabilir miyim?
May I have a newspaper, please?
[mey ay hev e newspeypır pliiz]

Lütfen yerinizde kalın!
Please stay in your seats!
[pliiz sıtey in yor siits]

Kaptanınız konuşuyor!
This is your captain speaking!
[dis iz yor keptın spiiking]

İyi uçuşlar!
Have a nice flight!
[hev e nays flayt]

Ne içmek istersiniz?
What would you like to drink?
[vat vud yu layk to drink]

... içmek isterim.
I would like a ... please.
[ay vud layk e ... pliiz]

İnişe geçiyoruz.
We are landing.
[vi ar lending]

Havaalanından sizi kim alacak?
Who is going to pick you up from the airport?
[hu iz going tu pik yu ap from dı eyrport]

Bagajlar nerede?
Where are the luggages?
[ver ar dı lagıcıs]

Trende / Otobüste

Bilet ücreti ne kadar?
What is the fare?
[vat iz di feyr]

Yemek vagonu var mı?
Is there a dining cart?
[iz der e dayning kart]

Varış ne zaman?
What is the arrival time?
[vat iz di erayvıl taym]

Yer var mı?
Are there any seats available?
[ar der eni siits eveylıbıl]

... için bir bilet alabilir miyim?

Can I buy a ticket to ...?

[ken ay bay e tikıt tu...]

Lütfen biletlerinizi kondüktör için hazırlayın.

Please have your tickets ready for the conductor.

[pliz hev yor tikıts redi for dı kondaktır]

Bu koltuk dolu mu?

Is this seat occupied?

[iz dis siit okupayd]

Bir sonraki durak ne zaman?

When is the next stop?

[ven iz di nekst stop]

Bu otobüs nereye gidiyor?

Where does this bus go?

[hav far daz dis bas go]

Bu otobüs ...'ye gider mi?

Does this bus go to ...?

[daz dis bas go tu]

Bana nerede ineceğimi söyleyebilir misiniz?

Can you tell me where to get off?

[ken yu tel mi ver tu get of]

Takside

Nereye gidiyorsunuz?
Where to sir/ lady?
[ver tu sör / leydi]

Havaalanına, lütfen.
To the airport, please.
[tu dı eyrport pliiz]

Şu anda çalışmıyorum.
I am not on duty.
[ay em nat on duti]

Şu anda ...'ya gidemem.
I can't go to ... right now.
[ay kent go tu ... rayt nav]

Lütfen çabuk olun. Geç kaldım.
Please be quick. I am late.
[pliz bi kuik. ay em leyt]

Acelem var. Lütfen en kısa yolu seçin.
I am in a hurry. Please take the shortest route.
[ay em in e höri. pliiz teyk dı şortıst ruut]

Acele etmenize gerek yok.
There is no need to hurry.
[der iz no niid tu höri]

Yavaşlayın!
Slow down!
[slov davn]

Lütfen dikkatli kullanın.
Drive safely, please.
[drayv seyfli pliiz]

Dikkatli olun!
Watch out! / Look out!
[vaç aut / luk aut]

Kaybolduk.
We are lost.
[vi ar lost]

Kayıp mı olduk?
Are we lost?
[ar vi lost]

Yaklaştık mı?
Are we close?
[ar vi kloz]

Sigara içebilir miyim?
Can I smoke?
[Ken ay smok]

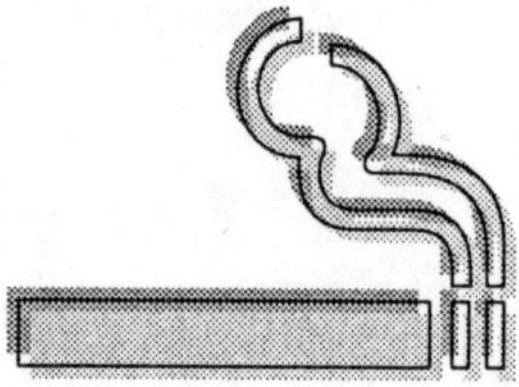

Ücret ne kadar?
How much is the fare?
[hav maç iz di feyr]

Para bozabilir misiniz?
Do you have any change?
[du yu hev eni çeync]

Üstü kalsın.
Keep the change.
[kiip dı çeync]

Fiş alabilir miyim?
Can I have a receipt?
[ken ay hev e risiit]

Otelde

Boş odanız var mı?
Do you have any vacancies?
[du yu hev eni vekınsiiz]

Bir oda rica ediyorum.
I need a room, please.
[ay niid e ruum pliz]

Bir oda ayırabilir miyim?
Can I reserve a room?
[ken ay rizörv e ruum]

Rezervasyonum var.
I have a reservation.
[ay hev e rizörveyşın]

Bu formu doldurun, lütfen.
Fill in this form, please.
[fil in dis form pliiz]

Tek mi, çift kişilik mi?
Do you want a single or a double?
[du yu vant e singıl or e dabıl]

Gecelik oda ücreti ne kadar?
What is the price per night?
[vat iz di parys pör nayt]

Kahvaltı dahil mi?
Is breakfast included?
[iz breykfist inkludıd]

Nakit mi ödeyeceğim, ayrılırken mi?
Do I pay in advance or on departure?
[du ay pey in edvens or on diparçır]

Tek yataklı bir oda istiyorum.
I need a room with a single bed.
[ay niid e ruum vit e singıl bed]

Çift kişilik yataklı bir oda istiyorum.
I need a room with a double bed.
[ay niid e ruum vit e dabıl bed]

Tek kişilik odanız var mı?
Do you have any singles?
[du yu hev eni singılz]

İki kişilik bir oda lütfen.
Double occupancy, please.
[dabıl oküpinsi pliiz]

İki yataklı bir oda istiyorum.
I need a room with two single beds.
[ay niid e ruum vit tu singıl beds]

Odayı görebilir miyim?
May I see the room, please?
[mey ay sii dı ruum pliiz]

Oda kaçıncı katta?
What floor is the room on?
[vat floor iz di ruum on]

Başka bir odaya bakabilir miyim lütfen?
May I see another room, please?
[mey ay sii enadır ruum pliiz]

Sigara içilen mi, içilmeyen mi isterdiniz?
A smoking or a non-smoking room?
[e smokin or e nansmokin ruum]

Sigara içilmeyen, lütfen.
Non-smoking, please.
[nansmoking pliiz]

Oda numaram nedir?
What is my room number?
[vat iz may ruum nambır]

...lı bir oda, lütfen.
A room with a ..., please.
[e ruum vit e ... pliiz]

Banyo: Bath *[bet]*

Duş : Shower *[şavır]*

Klima: Air-conditioner *[eyr-kındişınır]*

Telefon: Telephone *[telıfon]*

Televizyon : Television *[televijın]*

Buzdolabı: Refrigerator *[refricireytır]*

Sıcak su: Hot water *[hat votır]*

Ön tarafta bir odayı tercih ederim.
I'd prefer a room at the front.
[ayd priför e ruum et di front]

Manzaralı bir oda isterim.
I'd like a room with e view.
[ayd layk e ruum vit e viüv]

Deniz manzaralı bir oda, lütfen.
A room with a view of the sea please.
[e ruum vit e viüv of the sii pliiz]

Oda servisi var mı?
Is there a room service?
[iz der e ruum sörvis]

Lokanta var mı?
Is there a restaurant?
[iz der e restorant]

Evcil hayvanlara izin var mı?
Are pets allowed?
[ar pets ellovd]

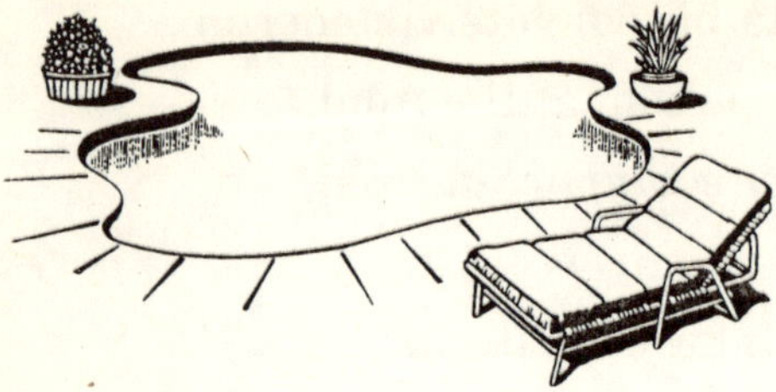

Havuz var mı?

Is there a pool?

[iz der e puul]

Öğle yemeği / akşam yemeği saat kaçta veriliyor?

What time is the lunch/ dinner served?

[vat taym iz dı lanç / dinır sörvd]

Lütfen eşyalarımı odama çıkartın.

Please take my things to my room.

[pliiz teyk may tings tu may ruum]

Ekstra havluya ihtiyacım var.

I need extra towels.

[ay niid ekstra tavılz]

... numaralı odanın anahtarlarını verebilir misiniz?
Can you give me the key to number ...?
[ken yu giv mii dı kii tu nambır ...]

...ye ihtiyacım var.
I need ...
[ay niid]

Şampuan: Shampoo *[şampuu]*
Sabun: Soap *[soop]*
Tuvalet Kağıdı: Toilet paper *[toylıt peypır]*
Kül tablası: Ashtray *[eştrey]*
Yastık: Pillow *[pilov]*
Battaniye: Blanket *[blenkıt]*

Kuru temizleme: Dry-cleaning *[dray kliining]*
Oda temizleme: House-keeping *[haus-kiping]*

Benim için not var mı?
Are there any notes for me?
[ar der eni noots for mi]

Beni ...'de uyandırın.
Wake me up at ...
[veyk mi ap et ...]

... oda kaçta kalıyor?
What is the room number of ...?
[vat iz di ruum nambır of ...]

Bir taksi çağırın, lütfen.
Call a taxi, please.
[kol e teksi pliiz]

Odayı kaçta boşaltmalıyım?
When is the check-out?
[ven iz di çekaut]

Ayrılmak istiyorum.
I need to check-out.
[ay niid tu çekaut]

Bugün, saat ...de çıkacağım.
I am leaving today, at ... .
[ay em liiving tudey et ...]

Makbuz alabilir miyim?
Can I have a receipt?
[ken ay hev e risiit]

Alışveriş

Yardımcı olabilir miyim?
May I help you?
[mey ay help yu]

Ne aramıştınız?
What are you looking for?
[vat ar yu luking for]

... arıyorum.
I am looking for a ...
[ay em lukin for e ...]

... için bir şey bakıyorum.
I am looking for something for ...
[ay em lukin for samting for ...]

Sadece bakıyorum. Teşekkürler.
I am just browsing. Thanks.
[ay em cast brauzing tenks]

Nerede ... bulabilirim?
Where can I find ...?
[ver ken ay faynd ...]

Hediye alacağım.
It is going to be a gift.
[it iz goin tu bi e gift]

Aklınızda bir şey var mı?
Is there something on your mind?
[iz der samting on yor maynd]

Bana ihtiyacınız olursa, burada olacağım.
I will be here, if you need me.
[ay vil bi hiir if yu niid mi]

Sadece haber verin.
Just let me know.
[cast let mi nov]

Bunu önerebilir miyim?
May I suggest this?
[mey ay sacest dis]

Bu indirimde mi?
Is this on sale?
[iz dis on seyl]

Bu indirimde.
This is on sale.
[dis iz on seyl]

Fiyatı ne kadar?
How much does it cost? / How much is it?
[hav maç daz it kost / hav maç iz it]

Bu pahalı.
It is expensive.
[it iz ekspensiv]

Daha ucuz bir şeyiniz var mı?
Do you have something less expensive?
[du yu hev samting les ekspensiv]

Bu çok ucuz.
This is very cheap.
[dis iz veri çiip]

Kaç bedene ihtiyacınız var?
What size do you need?
[vat sayz du yu niid]

Beden ölçüsünü biliyor musunuz?
Do you know the size?
[du yu nov dı sayz]

Beden ölçüsünü bilmiyorum.
I don't know his/ her/ my size.
[ay dont nov hiz / hör / may sayz]

Beden ölçüm ...
My size is ...
[may sayz iz]

Üzerinizde iyi durdu.
This looks good on you.
[dis luuks gud on yu]

Üzgünüm, elimizde bu bedenden yok.
Sorry, we don't have that size.
[sori vi dont hev det in det sayz]

Bunu deneyebilir miyim?
Can I try this on?
[ken ay tray dis on]

Kabinler nerede?
Where are the changing rooms?
[ver ar dı çeyncing ruums]

Üzerinizde harika durdu.
This looks great on you.
[dis luks greyt on yu]

Benim için çok dar.
This is too tight for me.
[dis iz tuu tayt for mi]

Bol geldi.
It is loose.
[it iz luuz]

Ne renk isterdiniz?
What colour would you like?
[vat kalır vuc yu layk]

... renkte var mı?
Do you have this in ...?
[du yu hev dis in ...]

Üzgünüm, elimizde bu renginden yok.
Sorry, we don't have it in that colour.
[sori vi dont hev it in det kalır]

Bu renk sizin renginiz.
This is your colour.
[dis iz yor kalır]

Karar veremiyorum.
I can't make up my mind.
[ay kent meyk ap may maynd]

Buna uyacak bir ... iniz var mı?
Do you have a ... to match with this?
[du yu hev e ... tu meç vit dis]

siyah	: black *[blek]*
beyaz	: white *[vayt]*
sarı	: yellow *[yelov]*
kırmızı	: red *[red]*
yeşil	: green *[griin]*
turuncu	: orange *[orınc]*
mavi	: blue *[blu]*
kahve	: brown *[bravn]*
mor	: purple *[pörpıl]*
pembe	: pink *[pink]*
çizgili	: striped *[straypt]*
benekli	: dotted *[dotıd]*

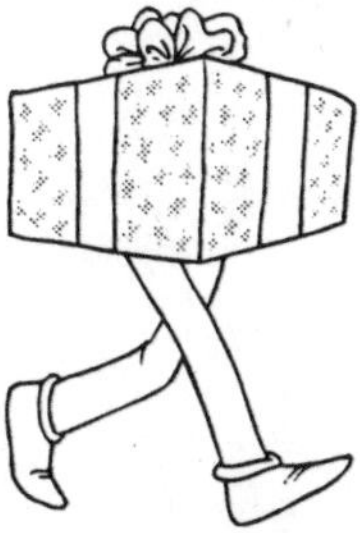

Bunu hediye paketi yapabilir misiniz?

Would you gift-wrap that?

[vuc yu layk tu giftrep det]

Bunları almak istiyorum.
I would like to buy these.
[ay vud layk tu bay diiz]

Nasıl ödemek istersiniz?
How would you like to pay?
[hav vuc yu layk tu pey]

Nakit mi, kredi kartı mı?
Cash or credit?
[keş or kıredit]

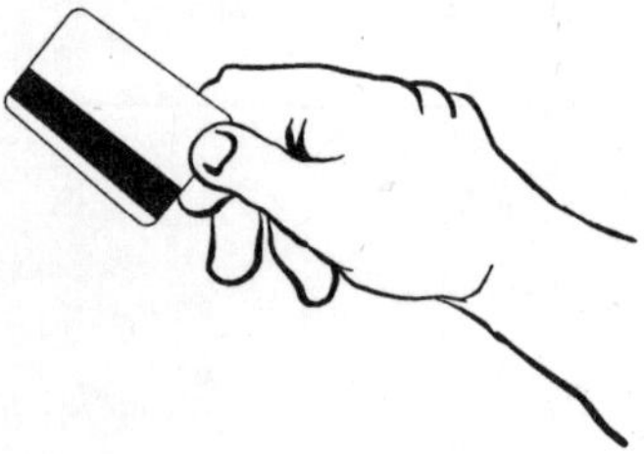

Kredi kartıyla, lütfen.
Credit, please.
[kredit pliiz]

Beklettiğimiz için üzgünüm.
Sorry to keep you waiting.
[sori to kiip yu veytin]

Yine bekleriz.
Please come again.
[pliz kam egen]

Ayakkabı: Shoe *[şuu]*
Ceket: Jacket *[cekıt]*
Tişört: T-shirt *[tişört]*
Gömlek: Shirt *[şört]*
Kazak/ süveter: Sweater *[svedır]*

Hırka: Jersey *[cörsi]*
Pantolon: Trousers *[trauzırs]*
Kot pantolon: Jeans *[ciinz]*
Çorap: Socks *[saks]*
İç çamaşırı: Underwear *[andırveer]*

Eşarp: Scarf *[skarf]*
Kravat: Tie *[taay]*
Uzun kollu: long-sleeves *[long-sliivz]*
Kısa kollu: short-sleeves *[şort-sliivz]*
Yün: wool *[vuul]*
Kaşmir: cashmere *[kejmiir]*

İpek: silk *[silk]*
Deri: leather *[ledır]*
Süet: suede *[sueyd]*

Kafede/ Lokantada

Menüyü görebilir miyim, lütfen?
May I see the menu, please?
[mey ay hev e menyu pliiz]

İki kişilik bir masa, lütfen.
A table for two, please.
[e teybıl for tu pliiz]

Rezervasyonum var.
I have a reservation.
[ay hev e rizörveyşın]

Sigara içilmeyen bölümünüz var mı?
Do you have a non-smoking section?
[du yu hev e nansmoking sekşın]

Ne önerirsiniz?
What would you recommend?
[vat vuc yu rikomend]

Siparişinizi alabilir miyim?
May I take your order?
[mey ay teyk yor order]

Henüz karar vermedik.
We have not decided yet.
[vi hev nat disaydıd yet]

Sipariş verebiliriz.
We are ready to order.
[vi ar redi tu ordır]

Bugünkü spesiyalimiz ...
Our specials today are ...
[aur speşıls tudey are ...]

... yemeğiniz var mı?
Do you have ... dishes?
[du yu hev ... dişıs]

Günün ... nedir?
What is the ... of the day?
[vat iz di ... of dı dey]

... ile başlamak ister misiniz?
Would you like to start with ...?
[vuc yu layk tu start vit ...]

Size içecek olarak ne getirebilirim?
What can I get you to drink?
[vat ken ay get yu tu drink]

... ister misiniz?
Would you like a ...?
[vuc yu layk e ...]

... istiyorum.
I would like a ...
[ay vud layk e ...]

Sadece ... istiyorum.
Just a ... please.
[cast e ... pliiz]

... alabilir miyim, lütfen?
May I have a ... please?
[mey ay hev e ... pliiz]

... siparişi vermek istiyorum.
I would like to order ...
[ay vud layk tu ordır ...]

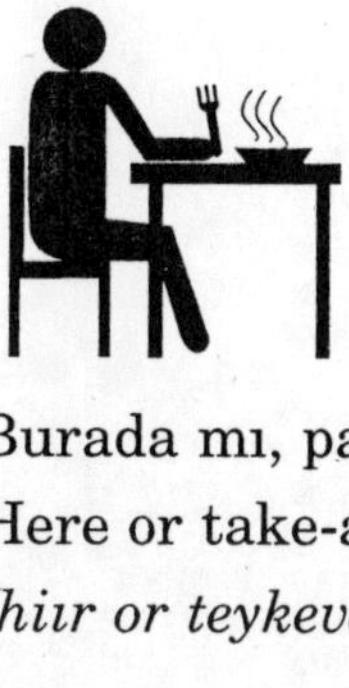

Burada mı, paket mi?
Here or take-away?
[hiır or teykevey]

Burada yiyeceğim.
I will eat here.
[ay vil iit hiır]

Paket olsun, lütfen.
To go, please.
[tu go pliiz]

Siparişiniz hazır.
Here is your order.
[hiir iz yor ordır]

Ben bunu sipariş etmedim.
I didn't order this.
[ay didınt ordır dis]

Ne siparişi vermiştiniz?
What did you order?
[vat did yu ordır]

... sipariş ettim.
I ordered ...
[ay ordırd ...]

Üzgünüm, ondan kalmadı.
I am sorry but we don't have that.
[ay em sori bat vi dont hev det]

Biraz daha ... alabilir miyim, lütfen?
Can I have some more ..., please?
[ken ay hev sam mor ... pliiz]

Bifteğinizi nasıl alırsınız?
How would you like your steak?
[hav vuc yu layk yor steyk]

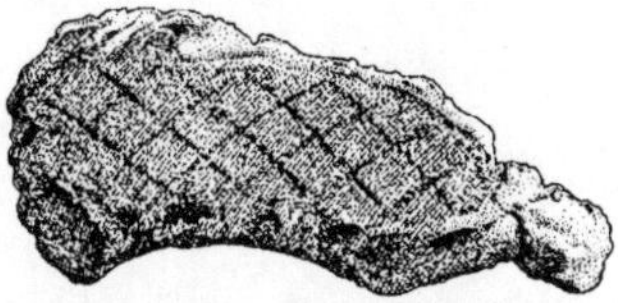

Bifteğimi iyi / orta / az pişmiş alırım.
I'd like my steak well-done/ medium / rare.
[ayd layk may steyk weldan / midyum / reyr]

Bir bardak ... alabilir miyim?
Can I have a glass of ... please?
[ken ay hev e gles of ... pliiz]

Bir fincan sıcak ... alabilir miyim?
Can I have a cup of hot ...?
[ken ay hev e kap of hat ...]

Bu yemek çok lezzetli.
This meal is delicious.
[dis miil iz delişıs]

Bır saniye gelir misiniz?
Can you come here for a second?
[ken yu kam hiır for e sekınd]

Garson, bakar mısınız?
Excuse me, waiter/ waitress!
[ekskuz mi veytır / veytrıs]

Bu yemek taze değil.
This meal isn't fresh.
[dis miıl iznt freş]

Bu ... soğuk.
This ... is cold.
[dis ... iz kold]

... uzatabilir misiniz?
Can you pass me the ... please?
[ken yu pes mi dı ... pliiz]

Hesap, lütfen.
Check, please.
[çek pliiz]

Ayrı hesap alın, lütfen.
Seperate checks, please.
[sepırıt çeks pliiz]

Bu benden olsun.
This is on me.
[dis iz on mi]

Israr ediyorum.
I insist.
[ay insist]

Kime ödeyeceğim?
Who do I pay?
[ver du ay pey]

Bir hata var.
There seems to be a mistake.
[der siimz tu bi e misteyk]

Bahşiş dahil mi?
Is the tip included?
[iz di tip inkludıd]

Tuvalet nerede acaba?
Where is the restroom?
[ver iz dı restruum]

kahve: coffee *[kofi]*

çay: tea *[tii]*

çorba: soup *[suup]*

tavuk: chicken *[çikın]*

maden suyu: mineral water *[minirıl votır]*

su: water *[votır]*

et: meat *[miit]*

yumurta: egg *[egg]*

peynir: cheese *[çiiz]*

bal: honey *[hani]*

tereyağ: butter *[batır]*

tost: toast *[toost]*

ekmek: bread *[bred]*

salata: salad *[selıd]*

sosis: hot dog *[hatdag]*

ketçap: ketch-up *[keçap]*

sebze: vegetables *[vectıbıls]*

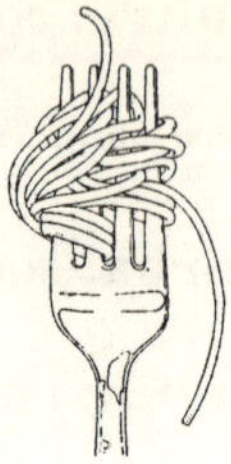

makarna: macaroni *[makaroni]*

pilav: rice *[rays]*

yoğurt: yogurt *[yogurt]*

tatlı: desert *[dizört]*

soğan: onion *[anyın]*

sarmısak: garlic *[garlik]*

domates: tomato *[tomeyto]*

tuz: salt *[solt]*

biber: pepper *[pepır]*

şeker: sugar *[şugır]*

krema: cream *[kriim]*

zeytin yağı: olive oil *[oliv oyl]*

peçete: napkin *[nepkin]*

sos: dressing *[dresing]*

haşlanmış: boiled *[boyild]*

kızarmış: fried / roast *[frayd / roost]*

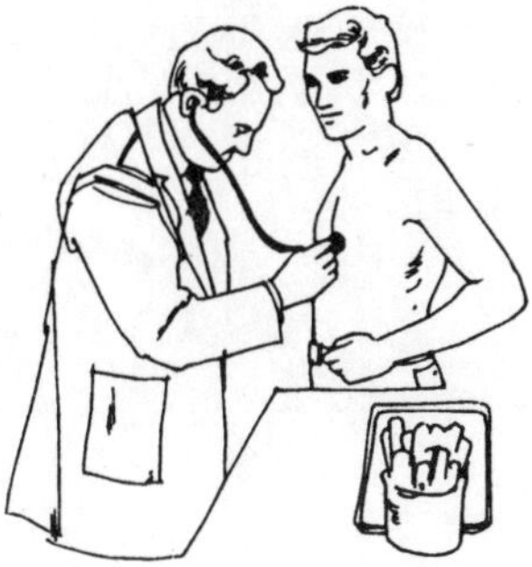

Doktorda/ Hastanede

Bugün, ...'de doktor randevum var.
I have an appointment with the doctor, at ... today.
[ay hev en epointmınt vit dı daktır et ... tudey]

Doktor gerekli.
I need a doctor.
[ay niid e daktır]

Acil servis nerede?
Where is the emergency room?
[ver iz di imörcınsi ruum]

Siz doktor musunuz?
Are you a doctor?
[ar yu e daktır]

Hemşireyim.
I am a nurse
[ay em e nörs]

Bu acil bir durum!
This is an emergency!
[dis iz en ımörcınsi]

İyi misiniz?
Are you OK?
[ar yu okey]

Ne oldu?
What happened?
[vat hepınd]

Bir kaza oldu!
There was an accident!
[der vaz en eksidınt]

Nasıl hissediyorsunuz?
How do you feel?
[hav du yu fiil]

Solgun görünüyorsunuz.
You look pale.
[yu luuk peyl]

Hasta mısınız?
Are you ill?
[ar yu il]

Başım ağrıyor.
I have a headache.
[ay hev e hedek]

Çok kötü hissediyorum!
I feel terrible!
[ay fiil teribıl]

Sırtım/ belim ağrıyor.
My back hurts. / I have a backache.
[may bek hörts / ay hev e bekek]

Dişim ağrıyor.
I have a toothache.
[ay hev e tuuteyk]

Midem ağrıyor.
I have a stomachache.
[ay hev e sıtomakeyk]

Midem bulanıyor.
I feel nauseous.
[ay fiil noşıs]

Nefes alamıyorum.
I can't breathe.
[ay kent briit]

Boğazım ağrıyor.
I have a sore throat.
[ay hev e sor trot]

Deniz tuttu. /Araba tuttu.
I got sea-sick. / I got car-sick.
[ay gat siisik / ay gat karsik]

...ya alerjim var.
I am allergic to ...
[ay em elörcik tu ...]

Başım dönüyor.
I feel dizzy.
[ay fiil dizi]

Grip/ nezle oldum.
I have a flu.
[ay hev e flu]

...ım kanıyor.
My ... is bleeding.
[may ... is bliiding]

...im şişti.
I have a swollen ...
[ay hev e svolın ...]

...ım acıyor.
My ... hurts.
[may ... hörts]

Korkarım ... kemiğim kırıldı.
I am afraid my ... bone is broken.
[ay em efreyd may ... boon iz brokın]

Astımım var.
I have asthma.
[ay hev ezma]

Boğuluyor!
He is choking!
[hi iz çooking]

Kalp krizi geçiriyor!
He is having a heart-attack!
[hi iz heving e hart etek]

Yaralanmış!
He is wounded!
[hi iz vuındıd]

Bu sara krizi.
This is an epileptic seazure.
[dis iz en epileptik sijır]

Bir aspirine ihtiyacım var.
I need an aspirin.
[ay nid en espirin]

Size yardım edeceğiz.
We will help you.
[vi vil help yu]

Daha önce bu sorununuz var mıydı?
Have you had this problem before?
[hev yu hed dis prablım bifor]

Acıyor mu?
Does it hurt?
[daz it hört]

Kustunuz mu?
Have you vomited?
[hev yu vomitid]

Bu gıda zehirlenmesi.
This is food-poisoning.
[dis iz fuud poyzıning]

Bunlar sadece vitamin.
These are just vitamins.
[diiz ar cast vaytımins]

Bunlar ilaçlarınız.
These are your medicines.
[diiz ar yor medisıns]

Günde ... tane alınız.
Take ... times a day.
[teyk van e dey]

Hapları su ile yutun.
Swallow pills with water.
[svalov vit votır]

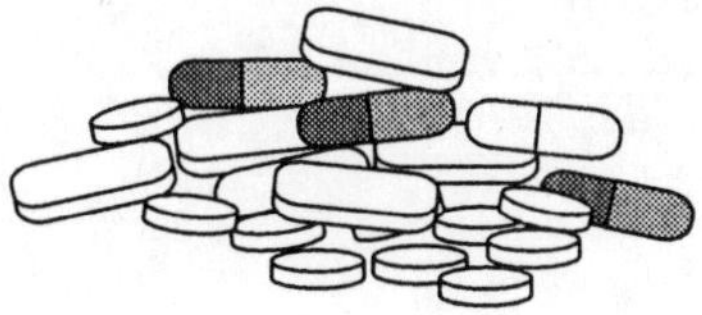

Bu tabletleri çiğneyin.
Chew these tablets.
[çiuv diiz teblıts]

Yutmayın!
Do not swallow!
[du nat svalov]

Aç mı, tok mu?
Hungry or full?
[hangri or ful]

Daha iyi hissediyorum.
I am feeling better.
[ay em fiiling betır]

Daha kötü hissediyorum.
I am feeling worse.
[ay em fiiling vörs]

Güçsüz hissediyorum.
I feel weak.
[ay fiil viik]

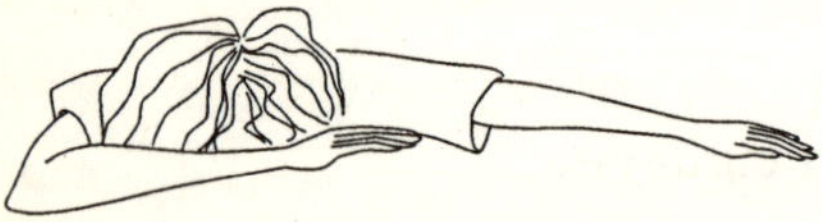

baş: head *[heed]*
boyun: neck *[nek]*
boğaz: throat *[troot]*
diş: tooth/ [çoğul] teeth *[tuut / tiit]*
ağız: mouth *[maut]*
çene: chin *[çin]*
yanak: cheek *[çiik]*
burun: nose *[nooz]*
kulak: ear *[iir]*
göz: eye *[ay]*
el: hand *[hend]*
el bileği: wrist *[rist]*

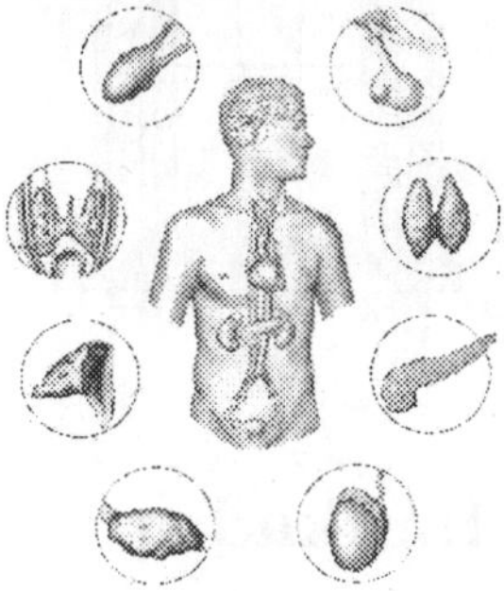

kol: arm *[arm]*
omuz: shoulder *[şoldır]*
göğüs: chest *[çest]*
bacak: leg *[leg]*
ayak: foot *[fuut]*
ayak bileği: ankle *[enkıl]*
diz: knee *[nii]*
mide: stomach *[sıtomak]*
akciğer: lung *[lang]*
karaciğer: liver *[livır]*
kalp: heart *[hart]*
dalak: spleen *[sıpliin]*
bağırsak: intestine *[intestin]*

Bankada

Para çekmek istiyorum
I would like to make withdrawal.
[ay vud layk tu meyk vitdrovıl]

PIN numaranızı/ şifrenizi giriniz.
Enter your PIN number/ password.
[entır yor pinnambır / pesvörd]

En yakın ATM nerede?
Where is the nearest ATM?
[ver iz di niırıst eytiem]

Döviz almak istiyorum.
I would like to buy some foreign currency.
[ay vud layk tu bay sam foreyn körınsi]

Para yatırmak istiyorum.
I want to deposit money.
[ay vant tu depozit mani]

Çek bozdurmak istiyorum.
I would like to cash a check.
[ay vud layk tu keş e çek]

Hesap açtırmak istiyorum.
I would like to open a savings account.
[ay vud layk to opın e seyvingz ekaunt]

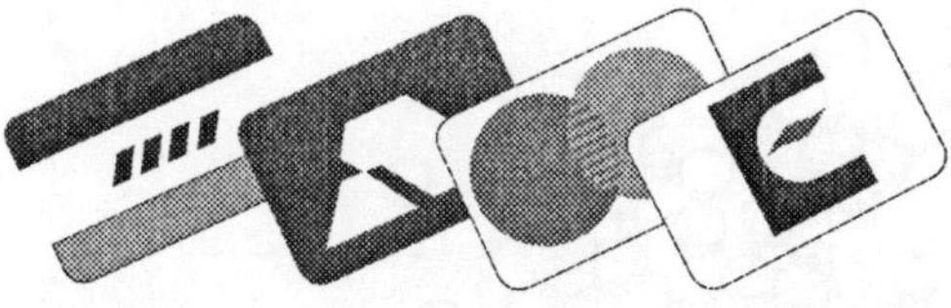

Banka kartı almak istiyorum.
I would like to purchase a banking card.
[ay vud layk tu hev e benking kart]

Kredi kartımı iptal ettirmek istiyorum.
I would like to cancel my credit card.
[ay vud layk to cancel may kredit kard]

Havale yapmak istiyorum.
I would like to make money transfer.
[ay vud layk tu meyk mani trensfır]

Fatura ödemek istiyorum.
I would like to pay the bills.
[ay vud layk tu pey dı billz]

Faiz oranı nedir?
What is the interest rate?
[vat iz di intırest reyt]

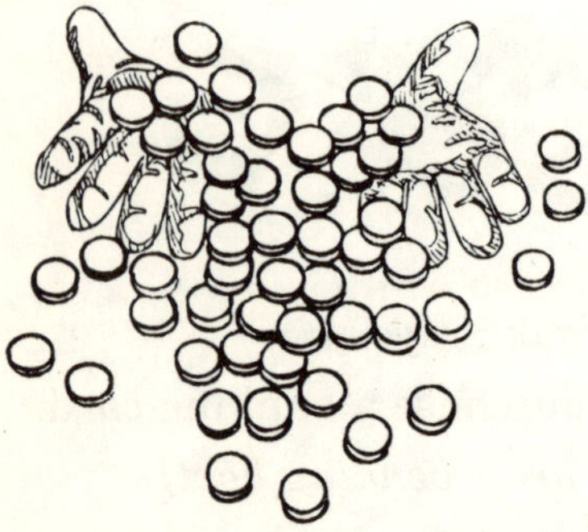

Bozuk paraya ihtiyacım var.
I need some change.
[ay niid sam çeync]

Nakit paraya ihtiyacım var.
I need some cash.
[ay niid sam keş]

Onluk ve yirmilikler olsun, lütfen.
Tens and twenties, please.
[tenz end tıventiiz pliiz]

Karakolda

Polis çağırın!
Call the police!
[kol dı poliis]

Pasaportum çalındı!
My passport is stolen!
[may pesport is stolın]

Cüzdanım çalındı!
My wallet is stolen!
[may volıt iz sıtolın]

Çantam çalındı!
My bag is stolen!
[may beg iz sıtolın]

Param ve kredi kartım gitmiş!
My money and credit cards are gone!
[may mani end kıredit karts ar gan]

Hiç param kalmadı.
I have no money left.
[ay hev no mani left]

Türk Konsolosluğu nerede?
Where is the Turkish Embassy?
[ver iz di törkiş embısi]

Kimlik kartınız var mı?
Do you have an ID?
[du yu hev en aydi]

Görgü tanığıyım.
I am an eye-witness.
[ay em en ay vitnıs]

Bu bir yanlış anlama.
This is a misunderstanding.
[dis iz e misandırstending]

Telefon görüşmesi yapmak ister misiniz?
Would you like to make a phone-call?
[vuc yu layk tu meyk e fon kol]

Arkadaşımı/ patronumu aramak istiyorum.
I would like to call my friend/ boss.
[ay vud layk tu kol may frend / bos]

Avukat istiyorum.
I want a lawyer.
[ay vant e lovyır]

Odama hırsız girdi.
Someone broke into my room.
[samvan brok intu may ruum]

Birisi bana saldırdı.
Someone attacked me.
[samvan ettekt mi]

Silahı/ bıçağı vardı.
He had a gun/ knife.
[hi hed e gan / nayf]

Bu nefs-i müdaafaydı.
That was self-defense.
[det vaz self-difens]

... kişiydiler.
There were ... of them.
[der vör ... of dem]

Bir yankesici vardı.
There was a pickpocket.
[der vaz e pikpokıt]

Tarif edebilir misiniz?
Can you describe?
[ken yu diskrayb]

Postanede

Bir kartpostal göndermek istiyorum.
I'd like to send a postcard.
[ayd layk tu send e postkard]

Adres ...
The address is ...
[di edres iz ...]

Adres mektubun üzerinde.
The address is on the letter.
[di edres iz on dı letır]

Pul ne kadar acaba?
How much is a stamp?
[hav maç iz e stemp]

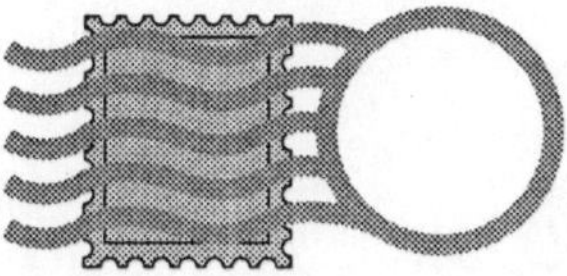

Posta kutusu nerede?
Where is the mail-box?
[ver iz di meyl baks]

Uluslararası görüşme yapmak istiyorum.
I want to make an international call.
[ay vant tu meyk en intırneyşınıl kol]

Bu ağır bir paket.
This is a heavy package.
[dis iz e hevi pekıc]

Bir zarf alabilir miyim?
Can I have an envelope?
[ken ay hev en envıloop]

Kaç pula ihtiyacım var?
How many stamps do I need?
[hav meni stemps du ay niid]

Berberde

Sıradaki kim?
Who is next?
[hu iz nekst]

Berberde saç traşı olabilirsiniz.
You can get a haircut in a barbershop.
[yu ken get e heyrkat in e barbırşop]

Saçınızı nasıl yapmamızı istersiniz?
How would you like your hair?
[hav vud yu layk yor heer]

Yanlardan alın.
Take a little off the sides.
[teyk e lidıl of dı sayds]

Kıpırdamayın!
Hold still!
[hold stil]

Saçınızı şampuanlamamı ister misiniz?
Do you want me to shampoo your hair?
[du yu vant mi tu şampu yor heyr]

Saçlarım temiz.
My hair is clean.
[may heyr iz kliin]

Saçlarım yağlı.
My hair is oily.
[may heyr iz oyli]

Saçlarımı düzelttirmek istiyorum.
I would like you to give me a trim.
[ay vud layk yu tu giv mi e trim]

Manikür ister misiniz?
Would you like a manicure?
[vuc yu layk e meniküür]

(Sakal) Traş etmemi ister misiniz?
Do you want a shave?
[du yu vant e şeyv]

Üstünden çok fazla kestiniz.
You cut too much off the top
[yu kat tuu maç of dı tap]

Başınızın arkasına ayna ile bakabilirsiniz.
You can check the back of your head with a mirror.
[yu ken çek dı bek of yor heyr vit e mirır]

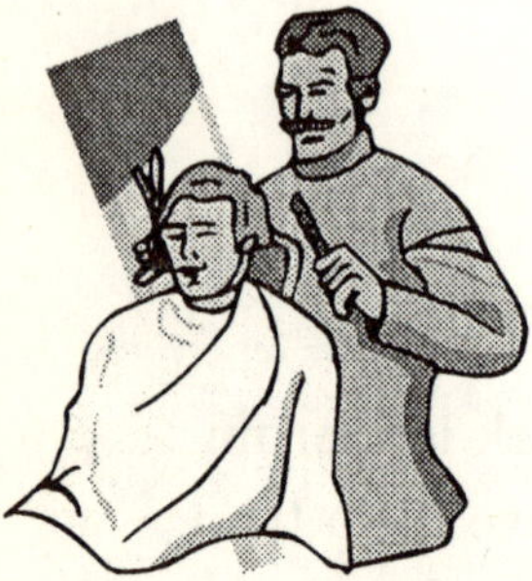

Hobiler

Nelerden hoşlanırsınız?
What do you like?
[vat du yu layk]

Nelerle ilgilenirsiniz?
What are your interests?
[vat ar yor intırests]

Hobileriniz nelerdir?
What are your hobbies?
[vat ar yor hobiiz]

Boş zamanlarınızda neler yaparsınız?
What do you do on your spare time?
[vat du yu du on yor speyr taym]

Boş zamanım yok.
I don't have any spare time.
[ay dont hev eni speyr taym]

Seyahat etmeyi severim.
I like travelling.
[ay layk trevıling]

Balık tutmayı severim./ Balığa gitmeyi severim.
I like fishing. / I like to go fishing.
[ay layk fişing / ay layk tu go fişing]

Kitap okumayı severim.
I like to read.
[ay lak tu riid]

Edebiyatla ilgilenirim.
I am interested in literature.
[ay em intırestıd in litriçır]

Resim yapmayı severim.
I like painting.
[ay layk peynting]

Futbol maçı izlemeyi severim.
I like to watch football games.
[ay layk tu voç futbol geymz]

Spora bayılırım.
I am a sports fan.
[ay em e sports fen]

Basketbol oynarım.
I play basketball.
[ay pley beskıtbol]

... takımını tutuyorum.
I support/ I am a fan of ...
[ay saport / ay em e fen of ...]

Yüzerim.
I go swimming.
[ay go sviming]

Yürümeyi severim.
I like jogging.
[ay layk joging]

Uzun yürüyüşler yaparım.
I take long walks.
[ay teyk long volks]

Müzik dinlemeyi severim.
I like listening to music.
[ay layk lisıning tu miuzik]

Film izlemeyi severim.
I like to watch movies.
[ay layk tu voç muviz]

Yemek yapmayı severim.
I like to cook.
[ay layk tu kuk]

Bilgisayar oyunu oynarım.
I play computer games.
[ay pley kompütur geymz]

Televizyon izlerim.
I watch TV.
[ay voç tivii]

...dan hoşlanmam.
I dislike ...
[ay dislayk ...]

Davetler

... için planınız var mı?
Do you have plans for ...?
[du yu hev plenz for ...]

... için planım yok.
I don't have any plans for ...
[ay dont hev eni plenz for ...]

Benimle ...ye gelir misiniz?
Would you like to go to the ... with me?
[vud yu layk tu go tu dı ... vit mi]

Canım sıkıldı.
I am bored.
[ay em bord]

Tabii ki.
Of course/ sure
[of kors / şuur]

Çok isterim.
I would love to.
[ay vud lav tu]

Korkarım meşgulum.
I am afraid I am busy.
[ay em efreyd ay em bizi]

Hayır demek zorundayım.
I have to say no.
[ay hev tu sey no]

Kahve içelim.
Let's have a cup of coffee.
[lets hev e kap of kafi]

Bir yemek yiyelim.
Let's have lunch/ dinner.
[lets hev lanç / dinır]

Size birşey ısmarlayabilir miyim?
Can I buy you something?
[ken ay bay yu samting]

Kahve içip konuşabiliriz.
We can talk over coffee.
[vi ken tolk ovır kafi]

Piknik yapalım.
Let's have a picnic.
[lets hev e piknik]

Bu akşam ...de bir tiyatro oyunu var.
There is a play tonight, at ...
[der iz e pley tunayt et ...]

Sinemaya gidelim.
Let's go to the movies.
[lets go tu dı muviiz]

Bu konseri kaçırmak istemem.
I don't want to miss this concert.
[ay dont vant tu mis dis kansırt]

Fazladan ... biletim var.
I have ... extra ticket(s).
[ay hev ... ekstra tikıts]

İyi görünüyorsunuz.
You look nice.
[yu luk nays]

Bugün çok eğlendim.
I really had fun today.
[ay riili hed fan tudey]

Bunu tekrar yapmalıyız.
We should do this again.
[vi şud du dis egen]

Harika bir akşamdı.
It was a lovely night.
[it vaz e lavli nayt]

Geldiğiniz için teşekkürler.
Thanks for coming.
[tenks for kaming]

Çok iyi bir arkadaşsınız.
You are a very good friend.
[yu ar e veri gud frend]

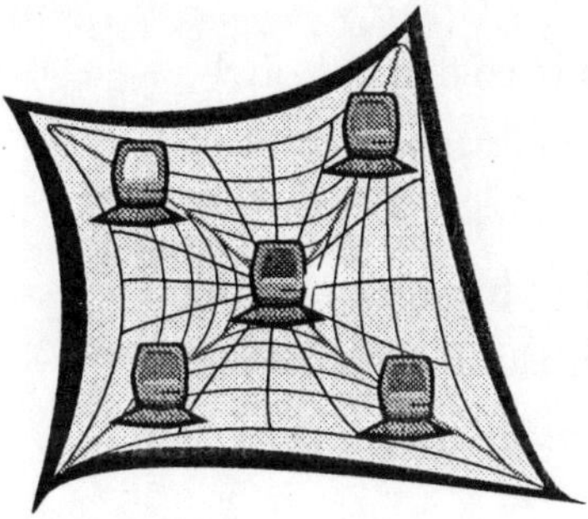

İnternet - Cep Telefonu

İnternete bağlanmam lazım.
I need to log onto the internet.
[ay niid tu log ontu di intırnet]

E-postalarımı kontrol etmeliyim.
I must check my e-mails.
[ay mast çek may imeyils]

Çevrede internet kafe var mı?
Is there an internet cafe near here?
[iz der en intırnet kafe niır hiır]

Bu bilgisayar internete bağlı mı?
Is this computer connected?
[iz dis kompütır konektıd]

Saat ücreti ne kadar?
How much does it cost per hour?
[hav maç daz it kost pör aur]

Kamerayı açabilir misiniz lütfen?
Can you turn on the camera please?
[ken yu törn on dı kemıra pliiz]

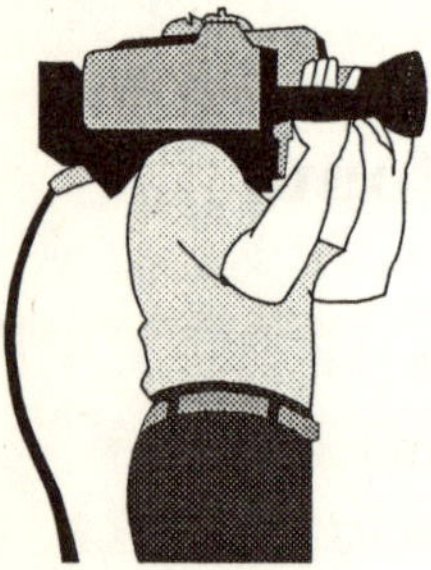

Bilgisayarımı nereye bağlayabilirim?
Where can I plug my computer to?
[ver ken ay plag may kompütır tu]

Bu kablosuz bağlantı mı?
Is this a wireless connection?
[iz dis e vayrlıs konekşın]

Kablosuz bağlantı var mı?
Is there a wireless connection?
[iz der e vayrlıs konekşın]

Bağlantı hızı ne kadar?
What is the connection speed?
[vat iz di konekşın spiid]

Hızlı bir bağlantı.
The connection is fast.
[dı konekşın is fest]

Bağlantı kayboldu.
Connection is lost.
[konekşın iz lost]

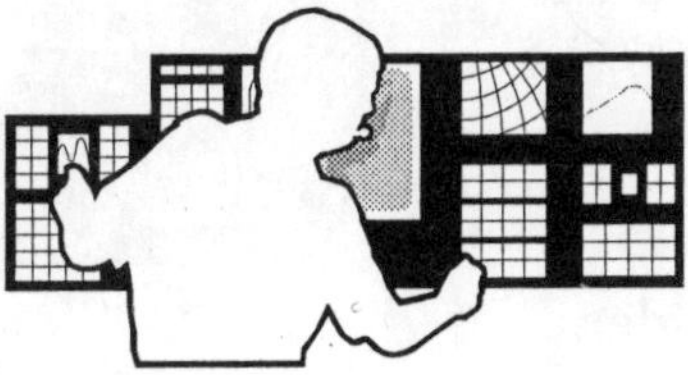

Bağlantı yok.
There is no connection.
[der iz no konekşın]

Düzeltebilir misiniz?
Can you fix it?
[ken yu fiks it]

Yazıcı var mı?
Is there a printer connected?
[iz der e printır konektıd]

Sayfanın çıktısını alabilir miyim?
Can I have this page printed-out?
[ken ay hev dis peyc printıd aut]

Program indirebilir miyim?
Can I download programs?
[ken ay davnlood progremz]

Bana CD basabilir misiniz?
Can you burn me a CD?
[ken yu börn mi e siidi]

Dosyayı bulamadım.
I can't find the folder.
[ay kent faynd dı foldır]

Belgelerim kayboldu.
My documents are missing.
[may dokümınts ar mising]

Bu disketi nereye koyabilirim?
Where can I insert this disc?
[ver ken ay insört dis disk]

Nasıl dosya transferi yapabilirim?
How can I transfer files?
[hav ken ay trensfır fayls]

Cep telefonu kullanabilir miyim?
Can I use a cell-phone?
[ken ay yuuz e selfoon]

Cep telefonum çalışmıyor.
My cell-phone is dead.
[may selfoon iz ded]

Şarjı/ pili yok.
It has no battery.
[it hez no betıri]

Sinyal yok. / Çekmiyor.
There is no signal.
[der iz no signıl]

Lütfen cep telefonunuzu kapayın!
Turn off your cell-phone, please!
[törn of yor selfoon pliiz]

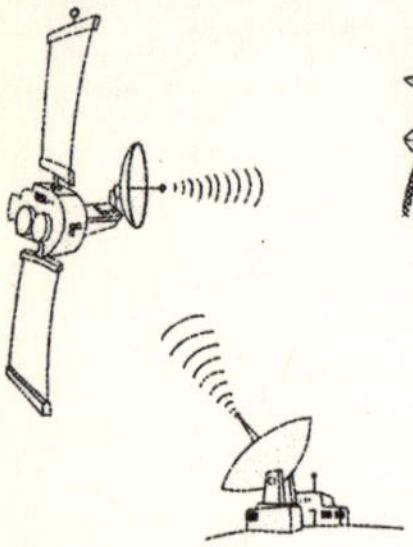

Cep telefonu yasaktır!
Cell-phones are not allowed!
[selfoonz ar nat ellavd]

Nereden telefon kartı bulabilirim?
Where can I find a phone card?
[ver ken ay faynd e foonkard]

Kartımda kontür kalmadı.
No credits left on my phone card.
[no kredits left on may foon kard]

Uluslararası görüşme yapıyorum.
I am making an international call.
[ay em meyking en intırneşinıl kool]

Havuzda/ Plajda

Güneş kremine ihtiyacım var.
I need sun-screen.
[ay niid sanskriin]

Havlu var mı?
Are there any towels?
[ar der eni tavıls]

Plaj çok sıcak.
The beach is too hot.
[dı biiç iz tuu hat]

Plaj şemsiyesi gerekli.
I need an umbrella.
[ay niid en ambrela]

Soğuk içecek almak istiyorum.
I want to buy cold drinks.
[ay vant tu bay kold drinks]

Yüzme biliyorum.
I know how to swim.
[ay nov hav tu svim]

Yüzme biliyor musunuz?
Do you know how to swim?
[*du yu nov hav tu svim]*

Yüzme bilmiyorum.
I don't know how to swim.
[ay dont nov hav tu svim]

Dalış yapmak istiyorum.
I want to dive. / I want to scuba-dive.
[ay vant tu dayv / ay vant tu sukuba dayv]

Sahilden uzaklaşmayın.
Stay close to the sea-shore.
[stey kloz tu dı siişor]

Bu havuzun derinliği nedir?
How deep is this pool?
[hav diip iz dis puul]

Çok derin değil.
Not too deep.
[nat tuu diip]

Derin bir havuz.
It is a deep pool.
[it iz e diip puul]

Çocuklar için uygun değil.
It is not suitable for the kids.
[its nat suitibıl for dı kids]

Çocuk havuzu var mı?
Is there a pool for the kids?
[iz der e puul for dı kidz]

Cankurtaran var mı?
Is there a life-guard?
[iz der e layfgard]

Birisi boğuluyor!
Someone is drowning!
[samvan iz drovning]

Duşlar nerede?
Where are the showers?
[ver ar dı şovırz]

Tuvaletler nerede?
Where are the rest rooms?
[ver ar dı rest ruums]

Plaj kabinine gidiyorum.
I am going to the changing cabin.
[ay em going tu dı çeyncing kebin]

Bir mayoya ihtiyacım var.
I need a bathing suit.
[ay niid e beyting suut]

Güneş gözlüklerini takın.
Put on your sun-glasses.
[put on yor sanglasıs]

SÖZLÜK

A a

abartı exaggeration
abartmak to exaggerate
ABD *(USA)* United States of America
abi elder brother
abide monument
abla older sister
abone subscriber **•olmak** to subscribe
abur cubur casual snacks, junk food
abuk sabuk incoherent, nonsensical **•konuşmak** to talk nonsense
acaba I wonder if
acayip strange, odd, weird, bizarre
acele hurry, haste **•etmek** to be in a hurry, to hurry up
aceleci hasty
acemi untrained, inexperienced, beginner
acente agent / agency
acı bitter, hot
acı pain, ache / grief, sorrow
acı çekmek to suffer, to feel pain
acılı painful / mourning, sad / spicy
acıklı touching, tragic, pathetic, sad
acıkmak to feel hungry
acımak to hurt, to feel pain/ to feel sorry *(for)*
acıma pity, mercy
acımasız cruel, merciless
acıtmak to hurt
acil urgent
aç hungry
açacak opener
açgözlü greedy, insatiable, grasping
açı angle
açık open / clear / light / obscene / deficit
açıkça openly, frankly, clearly
açıkgöz smart, shrew
açıklama explanation
açıklamak to explain
açılış opening
açılmak to be opened, to open / to confide in
açlık hunger, famine, starvation
açmak to open / to sharpen
ad name / noun
adına in the name of
ad koymak to name, to call
ada island -çayı sage
adak vow / promise
adale muscle **-li** muscular
adalet justice, equity
Adalet Bakanı Minister of Justice
adam man, human being, person, fellow
adamak to devote, to dedicate
aday candidate
adet number / piece
âdet custom, habit
âdeta almost, merely, simply
adım step
adım atmak to take a step
adına in the name of
adî ordinary / mean, low / cheap, common
adil just, fair
adlı called
adres address
adsız nameless / without fame
af forgiving, pardon, amnesty
af dilemek to apologize, to beg pardon
afacan naughty, restless
afallamak astonish
aferin Well done! Good for you! / bravo
affetmek to forgive
afiş poster, bill
ağ net / network / web
ağabey elder brother
ağaç tree

ağır heavy / slow / severe, serious
ağırbaşlı dignified
ağırlamak to entertain, to show hospitality
ağırlık weight, heaviness
ağız mouth / opening
ağlamak to cry, to weep
ağrı pain, ache **–kesici** painkiller
Ağustos August
ahenk harmony, accord
ahır stable, shed
ahize receiver
ahlâk morals / character
ahlâksız immoral
ahşap wooden
aile family
ailevî domestic, family
ait concerning, belonging to
ait olmak to belong to
ajan agent
ajans news agency
ak white
akademi academy
akarsu stream, river
akaryakıt liquid fuel, fuel oil
akbaba vulture
akciğer lung
Akdeniz the Mediterranean
akıcı fluid, liquid
akıl reason, mind
akıllı intelligent, wise
akılsız foolish, stupid
akıntı current, flow
akmak flow / leak
akraba relative
akrep scorpion / *(burç)*
akrobat acrobat
aksesuar accessory
aksırık sneeze
aksırmak to sneeze
aksilik misfortune / bad luck
akşam evening
akşam yemeği dinner
aktif active
aktör actor
akü car battery / accumulator
akvaryum aquarium
al red, scarlet
alabalık trout
alabora capsizing, overturn
alarm alarm
albay colonel, captain
albüm album
alçak low / mean
alçak gönüllü humble, modest
alçı plaster
alçaltmak to lower
aldanış, aldanma deception
aldanmak to be mistaken, to be deceived
alerji allergy
alev flame
alfabe alphabet
algılamak to perceive
alıngan easily offended
alınmak to take offence, to be upset
alışık accustomed to, used to
alışkanlık habit
alışkın accustomed to, used to
alışmak to become accustomed, to get used to
alıştırma exercise
alış-veriş shopping
alkış applause, cheer
alkol alcohol
Allah God
Allaha ısmarladık goodbye!
allerji allergy
Almanya Germany
alo hello
alt geçit subway, underpass
altı six
altın gold / golden
altıncı sixth
altyapı infrastructure
alyans wedding ring
ama but, yet, still
amacıyla in order to
amaç aim, purpose, goal, object
amatör amateur
ambar storehouse, warehouse
ambargo embargo
amca uncle
ameliyat surgical operation
Amerikalı American
amin amen

amiral admiral
ampul electric bulb
an moment, instant
ana mother / main
ana dili mother language
Anadolu Anatolia
anahtar key / switch
analık motherhood, maternity
analiz analysis
ana okulu kindergarten, playschool, nursery school
anapara capital
anarşi anarchy
ana vatan motherland, homeland
anayasa constitution
ancak only, just, hardly
anı memory
anıt monument
Anıtkabir mausoleum
ani sudden
anîden all of a sudden, suddenly
anket inquiry, questionnaire, research, survey
anlam meaning, sense
anlamak to understand, to comprehend
anlamsız meaningless
anlaşılmaz incomprehensible
anlaşma agreement
anlaşmak to agree with
anlaşmazlık disagreement, conflict
anlatmak to tell, to narrate, to explain
anlayış understanding
anlayışlı thoughtful
anma commemoration
anne mother
anneanne grandmother
anons announcement
anormal abnormal
ansızın all of a sudden, suddenly
ansiklopedi encyclopedia
anten antenna, aerial
antep fıstığı pistachio
antika ántique
antilop antelope
antlaşma pact, treaty
antre entrance, doorway
antrenman training, practice
antrenör trainer, coach
apaçık wide open, clear
apartman apartment house
aptal stupid, silly, fool, idiot
ar shame
ara interval, gap / break / distance
araba car / cart, carriage
araç tool / vehicle
arada in between
aralamak to separate, to open a little
aralık space, opening / interval / ajar / December
aralıklı spaced out, intermitten, at intervals
aralıksız continuous
aramak to seek, to look for, to search for
Arap Arab, Arabic
ara sıra once in a while, seldom
araştırmak to search thoroughly, to investigate
arazi land, field, terrain
argo slang
arı bee / pure, clean
arı sokmak to sting
arıtmak to purify, to refine
arıza defect, break down
arızalı out of order, defective
arka back, rear **•çıkmak** to support, to protect
arkadaş friend, companion, buddy **-lık** friendship
arkeoloji archaeology
armağan present, gift
armut pear
Arnavutluk Albania
arşiv archive
asfalt asphalt
asi rebellious
asil noble
asılsız unfounded
asit acid
aşı vaccine
aşiret tribe
aşk love
at horse
ata binmek to ride a horse
ata ancestor

atak reckless
atamak to appoint, to designate
atanmak to be appointed
atasözü proverb
atelye workshop
ateş fire, heat / fever, temperature
ateş açmak to open fire
atıl inactive, idle / inert
atik agile
atkı shawl, scarf
atlamak to jump, to leap over
Atlantik Atlantic
atlatmak to get over
atlet athlete
atletik athletic
atletizm athletics
atlıkarınca carousel, merry-go-round
atmaca hawk
atmak to throw
atmosfer atmosphere
atom atom
av hunt, hunting, chase
avantaj advantage
avcı hunter
avize chandelier
avlamak to hunt
Avrupa Europe
Avrupalı European
avuç palm
avukat lawyer, advocate, attorney
Avustralya Australia
avutmak to comfort
ay moon / month
ayak foot *(çoğul)* feet
ayakkabı shoe, footwear
ayaklanmak to revolt, to
rebel, to rise up
ayar adjustment
ayarlamak to adjust / to regulate
ayarlı regulated
Ayasofya Saint Sophia
ayçiçeği sun-flower
aydın educated / intellectual
aydınlatmak to illuminate, to light up
aydınlık bright, illumination
aygır stallion
aygıt tool, apparatus
ayı bear
ayık sober
ayıklamak to sort, to clean
ayıp shame, disgrace
ayıplamak to blame
ayırmak to separate, to divide / to reserve, to book
ayırt etmek to distinguish, to discriminate
aylık monthly / monthly salary, wage
ayna mirror
aynen exactly the same, without change
ayrı different / apart, alone, separate
ayrıca in addition to, besides
ayrıcalık privilege
ayrılık separation / difference
ayrılmak to part, to leave, to break up, to separate, to
come apart
ayrıntılı detailed
ayva quince
az few, little, a little, not much, not many
aza member
azalmak to become less, to lessen, to decrease
azaltmak to lessen, to reduce, to diminish, to decrease
azamî maximum
azar azar little by little
azarlamak to scold, to tell off
azgın furious, wild
azıcık just a little bit, very little, very few
azılı wild, tough, dangerous
azınlık minority
azim resolution, determination
azimli resolute, determined, ambitious
aziz dear, beloved / saint
azlık scarcity
azmak to get wild, to run wild / to become furious
azot nitrogen
Azrail Azrael, the angel of death

B b

baba father
babaanne grandmother
baca chimney
bacak leg
bacaksız naughty
bacanak brother-in-law
badana whitewash
badem almond
bademcik tonsil
bagaj baggage, luggage / boot, trunk
bağ vineyard
bağdaşmak to get along well, to suit
bağımlı dependent / addict
bağımsız independent
bağırmak to shout, to cry out, to yell
bağırsak intestine
bağış donation, grant
bağışlamak to give, to donate / to forgive
bağlamak to tie, to fasten
bağlantı connection, tie, relation
bağlılık devotion, attachment, loyalty
bağnaz begot
bahane excuse
bahar spring *(season)*
baharat spice
bahçe garden
bahçıvan gardener
bahis subject, topic / bet
bahsetmek to mention, to talk about, to speak of
bahşiş tip
bakan minister
bakıcı keeper, nurse
bakım care, attention, maintenance
bakımlı well-kept, well-cared for
bakımsız neglected, unkept
bakınmak look around
bakır copper
bakış glance, look
bakir virgin, untouched
bakkal grocer, grocery
bakkaliye groceries
bakmak to look at, to pay at- tention, to glance, to peer, to stare / to look after / to over look
bal honey
balayı honeymoon
baldır calf
baldız sister-in-law *(wife's sister)*
bale ballet
balerin ballerina
balık fish / *(burç)* Pisces
balıkçı fisherman
balina whale
bal kabağı pumpkin
balkon balcony
balo ball, dance
balon balloon
balta axe
bana to me, me
bandaj bandage
bandırmak to dip into
bando band *(of musicians)*
banka bank
bankacı banker
bant tape, band
banyo bath / bathtub / bathroom
banyo yapmak to take a bath
bar night club, bar
baraj dam
bardak glass
barınak shelter
barınmak to shelter, to take refuge, to lodge
barış peace
barışmak to make peace, to make it up, to reconcile
barikat barricade
barut gunpowder
basamak step, stair, round
basılı printed
basım evi printing house, press
basın press
basınç pressure

basit simple, plain, easy
baskı oppression / edition
basmak to tread upon, to set the foot on, to step on / to print
bastırmak to press, to compress
baston walking stick, cane
baş ağrısı headache
başak grain / *(burç)* Virgo
başarı success
başarılı successful
başarısız unsuccessful
başarmak to achieve / to succeed
başbakan prime minister
başınız sağ olsun please accept my condolences
başkan president, chairman, chief
başkası someone else
başkent capital
başlamak to begin, to start
başlatmak to initiate
başlangıç beginning, start
başlıca main, principal
baş örtüsü head-scarf
baş parmak thumb
baş sağlığı condolence
başvurmak to apply *(for)*
batarya battery
batı west, western
batıl false **•inanç** superstition
battaniye blanket
bavul suitcase, trunk, case
bay Mister *(Mr.)* / gentleman
bayağı ordinary, common / mean, vulgar / quite
bayan Miss, Mrs., Madam, lady
bayat stale, not fresh
bayatlamak to become stale
baygın unconscious, faint
bayılmak to faint / to like greatly
bayi vendor, seller
baykuş owl
bayrak flag
bayram religious festival, national holiday
bazen sometimes, now and then
bebek baby / *(oyuncak)* doll
becerikli skillful, capable
beceriksiz clumsy, incapable
bedava for nothing, free
beddua curse
bedel value, price
beden body
beğenmek to like, to admire
bekâr *(erkek için)* bachelor / single
bekçi watchman, night-watch, guard
bekleme waiting
beklemek to wait for / to expect / to attend
beklenmedik unexpected
bel waist
belâ misfortune, evil, trouble
belâlı troublesome
belediye municipality
belge certificate, document -sel documentary
belirgin clear, evident
belirlemek to determine, to define, to fix
belirli definite, determined
belirti symptom
belirtmek to make clear / to state, to indicate, to specify
belki perhaps, maybe
bellek memory
belli clear, obvious, evident
belirsiz unknown
bembeyaz snow-white
ben I, myself
ben mole, beauty-spot
bence according to me, I think, in my opinion
bencil selfish
benek spot, speckle, freckle
benekli spotted, speckled
beni me
benim my
benimki mine
benzemek to look like, to resemble
benzer similar, alike, like -lik similarity
benzin petrol, gasoline
beraat acquittal
beraber together
berbat very bad, dreadful, awful, terrible, nasty
berber barber, hairdresser

bere bruise
bereket abundance
beri since
berrak clear
berraklık clearness, brilliance
besili well-fed
besin food, nutriment
beslemek to feed, to nourish, to breed
besleyici nutritious
beste musical composition, tune
besteci composer
bestelemek to compose
beşer five each
beşerî human
beşgen pentagon
beşik cradle
beşinci the fifth
beter worse
betimlemek to describe
beton concrete
betonarme reinforced concrete
bey Mr., Sir
beyaz white
beyazımsı whitish
beyazlatmak to whiten, to bleach
beyefendi gentleman, sir
beyin brain
bez cloth
bezelye pea
bezgin weary, discouraged, depressed, tired of
bezmek to get tired of, to be fed up with
bıçak knife
bıçaklamak to stab, to knife
bıkkın bored, tired
bıkmak to be tired of, to get bored with, to be sick and tired of
bıktırmak to bore, to annoy
bırakmak to leave, to abandon, to release, to give up
bıyık moustache / *(hayvan)* whiskers
biber pepper
biberon feeding bottle
biçare poor, helpless
biçim shape, form/ way, manner
biçmek to reap, mow, cut
bidon can, drum, barrel
biftek beefsteak, steak
bikini bikini
bilâhare later on, afterwards, later
bilardo billiards
bildiri announcement, declaration, notice
bildirmek to tell, to notify, to inform
bile even / already
bilek *(el)* wrist / *(ayak)* ankle
bilemek to sharpen
bileşik compound
bileşim composition
bilet ticket
biletçi ticket collector, conductor
bilezik bracelet
bilgi knowledge / information
bilgiç pedant, pedantic
bilgili well informed, learned
bilgisayar computer
bilim science
bilim adamı scientist
bilim kurgu science fiction
bilimsel scientific
bilinç the conscience
bilmece riddle, puzzle
bilmek to know, to be aware
bilmeden unintentionally
bile bile with full knowledge, intentionally, on purpose
bilye marble, billiard ball
bin thousand
bina building
binbaşı major
bindirmek to collide with, to run into
binici rider, horseman, jockey
binmek to ride / to board, to get on
bir one, a, an
bira beer
birader brother
biraz a little, some
birçok many, a lot of
bir daha once again, once more
birden suddenly, all at once
birdenbire suddenly, all of a sudden
birdirbir leapfrog
birer one each
birey individual

biri someone, somebody
biricik the only, unique
birikmek to come together, to accumulate, to gather
biriktirmek to save up, to accumulate, to collect
birim unit
birinci the first
birkaç some, several, a few
birleşik united, joint
birleşmek to unite / to meet
Birleşmiş Milletler United Nations
birleştirmek to put together, to unite, to connect, to join, to combine
birli *(iskambilde)* ace
birlik union, corporation, unit
birlikte together
birtakım some, a certain number of
bisiklet bicycle, bike
bisküvi biscuit
bit louse *(çoğul)* lice
bitik exhausted, tired
bitim ending
bitirmek to finish, to complete, to end
bitiş ending, end, finish
bitişik next to, adjacent
bitki plant -sel herbal, botanical
bitkin very tired, worn out, exhausted
bitmek to come to an end, to finish, to end
bitpazarı flea market
biyoloji biology
biz we
Bizans Byzantium
biz bize by ourselves
bize us
bizce according to us
bizi us
bizim our
bizimki ours
bizzat personally, in person
blok block
bloknot writing pad
blöf yapmak to bluff
blucin *(blue)* Jeans
bluz blouse
bocalamak to falter
bodrum cellar, dungeon, basement
boğaz *(biyo.)* throat, neck / *(coğ.)* pass, strait
Boğaziçi the Bosphorus
boğmak *(suda)* to drown/ to strangle, to choke
boğulmak to be drowned
boğuşmak to fight, to scuffle, to struggle
boks boxing
boksör boxer
bomba bomb
boncuk bead
bonfile sirloin steak
borç debt, loan
borç almak to borrow *(money)*
borç vermek to lend *(money)*
bordo claret red
bornoz bathrobe
borsa stock exchange
boru pipe, tube
boş empty, hollow, vacant / useless
boşuna in vain
boşalmak to be emptied / to be discharged / to unload
boşaltmak to empty / to vacate / to evacuate
boşamak to divorce
boşanmak to get divorced
boşluk emptiness, space, blank, gap
bot boot
boy height / lenght / size
boy tribe
boya paint, dye
boyacı painter
boyalı painted, dyed
boyamak to paint, to dye
boysuz short
boyun neck
boyut dimension
bozdurmak to change *(money)*, to cash
bozmak to spoil, to ruin, to destroy / to demolish
bozuk out of order, spoilt, ruined / broken
bozukluk small change, coins
böbrek kidney
böcek insect / beetle, bug

bölge region, district, zone
bölme division / partition, compartment
bölük part, division / squadron
bölüm part, portion / chapter
bölünmek to be divided
bölünebilme divisibilty
bölünen dividend
bölünmez indivisible
bölüşmek to divide among, to share
börek various kinds of pastry or pie
bronz bronze
broşür brochure
bu this
buçuk half / and a half
budala foolish, silly / fool, idiot
budamak to prune
bugün today
buğday wheat
buhar steam, vapour
buharlaşmak to evaporate, to vaporize
bu kadar this much, so many, so much
buket bunch *(of flowers),* bouquet
bukle curl
bulanık blurry
bulantı nausea
bulaşık dirty dishes
bulaşmak to become involved in
bulaşıcı contagious
bulmaca crossword puzzle
bulmak to find, to discover to find out, to invent
buluş invention
buluşma meeting, date
buluşmak to meet, to come together
bulut cloud
bunak dotard, senile
bunalım depression, crisis
bundan başka besides
bunun için therefore, that's why, because of this
burada here
buraya here
burç horoscope, sign of zodiac / tower
burkmak to twist, to sprain
burs scholarship
burun nose
buruşturmak to become wrinkled, to wrinkle, to crumple
butik boutique
buyruk command, order
buyrun Come in! / Help yourself!
buz ice
buz dağı iceberg
buzdolabı refrigerator, fridge
buzlu icy
bücür shorty, squat, dwarf
büfe buffet
bükmek to twist / to curl / to bend
bülbül nightingale
bülten bulletin
büro office
bütçe budget
bütün whole, total, entire **–leme** make-up examination
büyü spell, charm, magic
büyücü witch, magician
büyük big, large, great / older, elder *(yaşça)* **-lük** magnitude
büyük anne grandmother
büyük baba grandfather
büyük elçi ambassador
büyülemek to bewitch, to charm, to fascinate
büyümek to grow up
büyüteç magnifying glass

C c

cadde main road, main street, avenue
cadı witch, wizard
cahil ignorant / illiterate, uneducated
cahillik ignorance, folly
cam glass / window pane
cambaz acrobat, rope dancer
camekân shop window, showcase
cami mosque
can life / energy, vigour / soul, spirit
canavar monster / beast
canı sıkılmak to get bored
cani criminal, murderer
cankurtaran life-saver / life guard / ambulance
canlı alive, lively, living
cansız lifeless / dull / dead
casus spy
cariye female slave
caymak to change one's mind, to go back on
cazibe charm, attraction
cazip attractive, charming / alluring, tempting
cehalet ignorance
cehennem hell
ceket jacket, coat
cemiyet society, assembly, union
cenaze funeral
cennet paradise, heaven, eden
centilmen gentleman
cep pocket
cephane ammunition
cep telefonu mobile phone, cellular phone
cereyan current, draft, draught
cerrah surgeon
cesaret courage, bravery
cesaret etmek to dare
ceset dead, body, corpse
cesur brave, bold, courageous
cevap answer, reply, response
ceviz walnut
ceylan gazelle, antelope
ceza punishment, penalty, fine,
cezbetmek to attract, to draw
cezve coffee pot with a long handle
cılız undersized, puny
cımbız tweezers
cıvık sticky, greasy
cıvıl cıvıl twittering
ciddi serious, earnest, real
ciğer liver / lungs
cihaz apparatus, equipment
cilalamak to polish, to varnish
cilt skin
cimnastik gymnastics
cimri mean, miser
cin genie, evil spirit, demon
cin gin *(içecek)*
cinayet murder
cins kind, sort, type
cinsiyet sex, gender
cip jeep
civciv chick
coğrafya geography
cop truncheon
coşku enthusiasm
coşkulu enthusiastic
cömert generous
cuma Friday
cumartesi Saturday
cumhurbaşkanı president *(of the republic)*
cumhuriyet republic
cüce dwarf
cümle sentence
cüretkâr bold, daring
cüzdan wallet / purse

Ç ç

çabuk quick, fast, swift, speedy
çadır tent
çadır kurmak to put up a tent
çağ age, period, era, time
çağdaş contemporary, modern
çağ dışı outdated, old-fashioned
çağlayan waterfall, cascade
çağrı call, invitation
çakal jackal
çakı pocket knife
çakıl pebble, gravel
çakmak to drive in a nail, to hammer
çakmak lighter
çalar saat alarm clock
çalgı musical instrument
çalgıcı musician
çalışkan hard-working
çalışma work, study
Çalışma Bakanlığı Ministry of Labour
çalışmak to work / to study / to try, to strive
çalıştırmak to operate, to employ, to run
çalkalamak to shake
çalmak to steal / to play *(a musical instrument)* / to ring
çam pine
çamaşır laundry
çamaşır makinesi washing machine
çamaşır yıkamak to do the laundry
çamaşırhane laundry
çam fıstığı pine nut
çamur mud
çamurlu muddy
çan bell, gong
çanak pot
çanta bag, handbag, briefcase, suitcase
çapraz crosswise / diagonally, diagonal
çapulcu plunderer, looter
çar çur etmek to squander, to waste
çare remedy / means, cure
çaresiz incurable / helpless
çark wheel
çarpan multiplier
çarpı multiplication sign
çarpık crooked, slanting
çarpılmak to become crooked,
çarpım product
çarpışma collision / fight, clash
çarpışmak to collide / to fight, to clash
çarpıtmak to distort
çarpma multiplication / collision
çarpmak to hit / to strike / to multiply by / to bump, to collide with
çarşaf bed sheet
çarşamba Wednesday
çarşı shopping district, market, bazaar
çatal fork
çatı roof
çatırdamak to crackle
çatışmak to clash, to collide / to have a quarrel, to conflict
çatışmak to clash, to conflict
çatlak split, crack
çatlamak to crack, to split
çavuş sergeant
çay stream, brook *(dere)*
çay tea / tea party
çaydanlık teapot
çayır meadow, pasture
çek cheque
çekememezlik envy
çekici attractive, appealing, charming
çekiç hammer
çeki düzen vermek to tidy up
çekilmek to withdraw, to retire / to shrink
çekilmez unbearable, intolerable
çekim attraction / shooting, filming
çekingen timid, shy
çekinmek to avoid, to abstain
çekirdek seed, stone of a fruit / nucleus
çekirge locust, grasshopper
çekişme argument, quarrel
çekmece drawer
çekmek to pull, to draw
çelenk garland
çelik steel
çelimsiz puny, thin, frail
çelişki contradiction
çelişmek to be in contradiction *(with)*
çelme takmak to trip up
çember circle, hoop, rim of a wheel
çene chin / jaw
çengel hook

çepeçevre all around
çerçeve frame
çeşit kind, sort, variety
çeşitli different, various
çeşme fountain / spring of water
çete band, gang
çetin hard, difficult
çevik agile, swift, brisk
çeviri translation
çevre surroundings, environment
çeyrek a quarter, one fourth, quarter of an hour
çığ avalanche
çığlık loud cry, scream, shriek
çıkagelmek to arrive unexpectedly
çıkar interest, advantage, profit
çıkarmak to take out, to extract / to send out, to remove / to take off / to bring out
çıkartma sticker
çıkık dislocated / projecting
çıkış exit
çıkmak to go out / to move out of a house / to start off / to get out, to leave / to go up, to climb up
çıktı output
çıldırmak to go mad, to lose one's mind
çıldırmış crazy
çılgın mad, insane, crazy
çılgınca madly, wildly
çıngırak small bell
çıplak naked, nude, bare
çırak apprentice / novice
çırılçıplak stark naked
çırpınmak to flutter, to struggle
çıtırdamak to crackle
çıyan centipede
çiçek flower
çiçek açmak to bloom, to blossom
çiçekçi florist
çiçeklik vase, flower stand
çift couple, pair, double / *(sayı)* even
çiftçi farmer
çifte double, paired
çiftelemek to kick with both hind feet
çiftlik farm
çiğ raw, uncooked
çiğnemek to chew / to run over *(a person)*
çiklet chewing gum
çikolata chocolate
çil freckle, speckle
çile suffering
çilek strawberry
çilingir locksmith
çim garden grass, lawn
çimento cement
Çin China
çingene gypsy
çinko zinc
çirkin ugly / shameful
çirkinleşmek to become ugly
çiş urine **-i gelmek** to want to pee
çit hedge, fence
çivi nail
çivilemek to nail
çizgi line, dash / stripe
çizgi film animated cartoon
çizgi roman comics
çizgisel linear
çizik scratch
çiziktirmek to scrawl, to scribble
çizim drawing
çizme boot
çocuk child / boy, kid
çocuk doğurmak to give birth to a child
çocuk doktoru pediatrician
çoğalmak to increase
çoğu most (of) / mostly
çok very / a lot of, many, much, too many, too much
çorak arid, barren
çorap stocking, sock, hose
çorba soup
çökmek to collapse, to fall down
çöl desert, wilderness
çömelmek to crouch
çömlek earthen pot
çöp rubbish, garbage, trash, litter
çöpçü sweeper, garbage collector
çörek round cake, bun
çözmek to undo / to untie / to solve / to unbutton / to unfasten
çözüm solution
çubuk rod, bar, wand, stick
çukur hole, pit, hollow, cavity
çukur kazmak to dig a hole
çuval sack
çünkü because, for, as
çürük bruise / rotten, decayed
çürümek to rot, to decay, to go bad / to bruise

D d

dadı nurse, nanny
dağ mountain
dağcı mountaineer
dağcılık mountaineering
dağılmak to scatter, to dis-perse / to spread
dağınık untidy / scattered / disorganized
dağıtım distribution
dahilî inner, internal
dahil olmak to be included *(in)*
daima always, all the time
daire circle / department, office / apartment, flat
dakika minute
dal branch, twig
dalak spleen
dalga wave
dalga geçmek to make fun of, to kid
dalgalanmak to wave, to become uneven
dalgıç diver
dalgın absent-minded, abstracted
dalkavuk toady, bootlicker
damak palate
damar vein, blood vessel
damat son-in-law / bridegroom *(düğünde)*
damga stamp
damla drop
damlamak to drip, to drop
dana calf
dana eti veal
danışma information
danışman counsellor, adviser
dans dance
dansçı dancer
dansöz woman dancer
dantel lace, lacework
darbe blow, stroke
dargın cross, angry, upset, offended
darılmak to get angry, to become upset, to become cross, to be offended
darıltmak to offend, to make cross, to upset
dava suit, lawsuit, case
dava açmak to sue
davacı plaintiff
davalı defendant
davet invitation / party, feast, reception
davet etmek to invite
davetiye invitation
davetsiz uninvited
davranış behaviour, attitude
davranmak to act, to behave
davul big drum
davulcu drummer
dayak beating
dayak atmak to beat, to thrash
dayak yemek to get beaten
dayamak lean against
dayanak support, prop
dayanıklı strong, lasting, enduring -lık endurance
dayanıksız weak, frail
dayanılmaz irresistible / unbearable
dayanmak to.lean against, to push, to rest, to rely on / to last, to endure
dayatmak to insist
dayı *(mother's brother)* uncle
dazlak bald
dede grandfather
dedikodu gossip
defa time, turn, again, once more
defile fashion show
define treasure
defne bay-tree
defnetmek to bury
defolmak to go away
Defol! Get out! Go away!
defter notebook
değerli valuable, precious
değersiz worthless
değil not / no
değinmek to mention, to bring up
değirmen mill / grinding mac-hine,

grinder
değişim change
değişmek to change, to vary
değişmez constant, stable
değiştirmek to alter, to change / to exchange
değiş tokuş exchange
değmek to touch / to be worthwhile, to be worth
dehliz corridor
dehşet terror, horror
dekor setting, decor, set
dekorasyon decoration
deli mad, insane, lunatic
delice madly
delik hole, opening, leaking / pierced
delikanlı young man, youth
delil sign, proof, evidence
delirmek to go mad
delirtmek to drive mad, to craze
demeç speech, statement
demek to say, to tell
demek so, thus, therefore
demet bunch, bouquet, bundle
demir iron
demirlemek *(gemi)* to anchor
demir yolu railroad, railway
demlik teapot
demode old-fashioned
demokrasi democracy
deneme attempt, try
denemek to test, to experiment, to try, to attempt
denetlemek to check, to supervise
denetleyici inspector
deney experiment
denge equilibrium, balance
dengelemek to balance
deniz sea
deniz altı submarine
deniz kızı mermaid
denizci sailor, seaman
denk equal, equivalent
depo warehouse, storehouse
deprem earthquake
dere stream, creek
derece degree, grade / thermometer
dergi magazine
derhal at once, immediately
deri skin, leather
derin deep / profound
dernek association, society, club, league
ders lesson, course
dershane classroom, school-room
dert suffering, worry, trouble, sorrow
dertli sorrowful, pained
derya sea, ocean
desen design/ drawing
destan epic, legend, saga
deste bunch, packed
detay detail
detektif detective
deterjan detergent
dev giant
devam continuation / duration
deve camel
deve kuşu ostrich
devirmek to knock down, to turn upside down
devlet state, **•adamı** statesman,
devlet başkanı head of state, president
devletler arası International
devralmak to take over
devre circuit / term / session / half-time
devretmek to turn over, to transfer
devrilmek to be overturned, to capsize
devrim revolution, reform
devriye patrol / police round
deyim idiom, expression
dırdır nagging
dırdır etmek to grumble, to nag
dış outside, exterior
dışarı out, the outside, exterior / out-door
dışlamak to exclude
diken thorn
dikenli prickly, thorny
dikey vertical
dikili sewn, stitched / planted
dikilmek to post oneself at a place, to stand stiff and immobile
dikiş dikmek to sew
dikiş makinesi sewing machine
dikit stalagmite

dikkat care, attention
dikkat etmek to pay attention, to be careful
dikkatli careful, attentive
dikkatsiz careless
dikmek to sew, to stitch / to plant / to erect, to set up
dil *(biyo.)* tongue / language
dil bilgisi grammar
dilek wish / request, demand
dilekçe petition, application
dilenci beggar
dilenmek to beg
dilim slice
dilimlemek to slice
dilsiz numb, mute
dinamik dynamic
dinamit dynamite
dindar religious, devout
dinî religious
dinlemek to listen to / to pay attention to
dinlenme rest, relaxation, recreation
dinlenmek to rest / relax
dinleyici listener
dinleyiciler audience
dinmek to stop, to cease
dinsiz atheist
diploma diploma, degree
dipnot footnote
dipsiz bottomless
direk post, mast, flagstaff
dirilmek to come to life
diriltmek to resurrect
dirsek elbow
diskotek discotheque
diş tooth **–ler** teeth
diş ağrısı toothache
dişçi dentist
diş çürüğü tooth decay
diş fırçası toothbrush
dişi female
diş macunu toothpaste
diyalog dialogue
diye so that, in order to
diyet diet
diz knee
diz çökmek to kneel *(down)*
dizi line, row, series
doğa nature
doğal natural
doğan falcon, hawk
doğaüstü supernatural
doğmak to be born / *(güneş)* rise
doğramak to cut into slices, to chop
doğru straight, direct/ right, correct, true, honest
doğruca straight, directly
doğrulamak to confirm
doğrultu direction
doğruluk truth, straightness
doğrusal linear
doğum birth
doğum günü birthday
doğurmak to give birth to, to bear
doğuş birth
doksan ninety
doktor doctor, physician
dokunmak to touch, to feel
dokunulmazlık immunity
doküman document
dolandırıcı cheater, fraud
dolamak to wind
dolandırmak to cheat
dolap cupboard, wardrobe, closet
dolar dollar
dolaşım circulation
dolgun plump / full
dolma kalem fountain-pen
dolu full, filled / loaded / hail, hail-storm
doluluk plenum
dolunay full moon
domates tomato
domino dominoes
domuz pig, swine
donanım equipment
donanma fleet, navy
donatmak to deck out, to ornament, to equip, to outfit
donuk dim, dull
dondurma ice cream
donmak to freeze, to be frozen to death
doruk summit, peak
dost friend

dostça friendly, in a friendly manner
dostluk friendship
dosya file
doymak to be full *(up)*
doz dose
dökmek to pour, to spill, to empty
dökülmek to be poured out
döndürmek to turn around, to spin, to rotate
dönem period / term, semester
dönmek to turn, to revolve
dönüş return
dört four
dördüncü fourth
dörtgen quadrilateral, quadrangle
döşemek to furnish
döviz foreign exchange, foreign currency
dövme tattoo
dövmek to beat / to hammer, to forge
dövüş fight
dövüşçü fighter
dövüşmek to fight, to struggle, to box
dua prayer
dua etmek to pray
duble double
dudak lip
dudak boyası lipstick
dul widow, widower
duman smoke, fume
dumanlı smoky, misty
durağan stable, fixed, static
durak stop / break, pause
durgun calm, quiet
durmak to stop / to stand / to remain, to stay
duru clear
durulamak to rinse
duruluk clearness, clarity
durum state, position, situation, condition
duş shower
duş almak to take a shower
dut mulberry
duvar wall
duvar kâğıdı wallpaper
duyarlı sensible, sensitive
duygu feeling, sentiment, sense, sensation
duygulu sensitive
duymak to hear
duyu sense
düdük whistle
düğme button / electric switch
düğmelemek to button up
düğüm knot
düğün wedding
dükkân shop
dümen rudder / trick
dün yesterday
dünkü yesterday's
dünya world, earth
dürbün binoculars
dürüst honest, straightforward, frank
düş dream
düş görmek to have a dream
düşman enemy
düşmek to fall, to drop
düşük low / miscarriage
düşünce thought, idea
düşüncesiz thoughtless, inconsiderate
düşünmek to think of
düşünür thinker, philosopher
düşürmek to drop
düz flat, level, smooth, even
düz arazi level ground
düzelmek to improve, to get better
düzeltmek to correct / to make smooth, to arrange
düzen order, harmony **-baz** liar, cheat, trickster **-lemek** to put in order **-sizlik** disorder, untidiness
düzey level
düzgün smooth, level, regular, in good order
düzine dozen
düzlem plane
düz yazı prose

E e

ebe midwife
ebedî eternal, neverending
eczahane pharmacy, drugstore
edebi literary
edebiyat literature
editör editor, publisher
eflâtun violet, lilac-coloured
efsane legend, fable, myth
Ege Aegean •**denizi** Aegean sea
eğer if, whether
eğitim education, training
eğitmek to educate, to train
eğitmen educator, instructor
eğlence amusement, entertainment
eğlendirmek to entertain, to amuse
eğlenmek to have a good time, to amuse oneself, to enjoy oneself
eğmek to bend
eğri crooked, bent
ehliyet driver's license
ejderha dragon
ek joint / appendix
ekim October
ekin crop, grain
ekip team, crew, squad, group
eklem joint
eklemek to add
ekmek bread
ekmek to sow, to plant
ekonomi economy
ekran screen
eksi minus / negative
eksik lacking, missing, absent -**lik** shortage
ekspres express
ekşi sour
ekvator equator
elâ hazel
elbette certainly, surely
elbise dress / clothes
elçi ambassador
elçilik embassy
eldiven glove
elektrik electricity
elektrikçi electrician
eleman staff member, worker
elemek to sift
element element
eleştiri criticism
ellemek to feel, to touch
elli fitty
elma apple
elmas diamond
elveda farewell, goodbye
elverişli suitable, convenient
elverişsiz inconvenient
emanet trust, deposit
emek work, labour
emeklemek to crawl, to creep
emekli retired
emel ambition / ideal, goal
emin safe, secure / sure, certain, confident
emir order
emir vermek to order, to command
emlâk real estate, property
emniyet safety, security
emniyet kemeri safety belt, seat belt
emretmek to order, to command
ender very rare, seldom
endişe anxiety / worry
endişe etmek to worry, to be anxious
endişeli anxious, worried
endişesiz carefree
endüstri industry
enerji energy
enfes delicious, excellent
enflasyon inflation
engel obstacle, handicap
enişte sister's husband, brother-in-law
enkaz debris, ruins
enli wide, broad
ense back of the neck, nape
enteresan interesting
epey pretty well / a good many
er private *(soldier)*

ergen adult
erik plum
erimek to melt
erişmek to reach, to arrive
erkek man, male
erken early
erozyon erosion
ertelemek to postpone, to put off, to delay
ertesi next, following
esaret captivity, slavery
eser work, work of art / sign, mark, trace
esinti breeze, light wind
esir slave
eski old, ancient
eskimek to become old, to wear out
esmer dark skinned
esneklik flexibility
esnemek to yawn
espri wit, joke, crack
esrar mystery, secrets
esrarengiz mysterious
estetik aesthetic(s) **...ameliyatı** plastic surgery
eş match, counterpart / identical/ spouse, *(erkek)* husband, *(kadın)* wife
eşarp scarf
eşcinsel homosexual
eşdeğer equivalent
eşek donkey
eşit equal, the same
eşitlik equality
eşkıya bandit, robber
eşmek to dig up
eşofman tracksuit, jumpsuit
eşsiz unmatched, unique
eşya things, object / furniture, goods
et meat
etek skirt
etiket label / etiquette
etken active / factor
etki effect, influence / impression
etkilemek to affect, to influence
etkili effective, effectual / impressive
etkin active
ev house / home -soymak to burglar
evcil tame, domesticated
evet yes
ev kadını housewife
evlât children / child, son
evlât edinmek to adopt
evlâtlık foster child, adopted child
evlenme marriage
evlenmek to get married, to marry
evli married
evrak documents, papers
evre phase, stage
evren universe
evrensel universal
evrim evolution
evvel before, first, ago, back, earlier
evvelki the former
eyalet province, state, principality
eylem action, verb
eylül September
eyvah Alas!
eyvallah thanks / goodbye / all right
ezan call to prayer
ezbere by heart
eziyet çekmek to suffer pain
eziyet etmek to torment, to torture
ezmek to crush, to pound, to squash

F f

faal active
fabrika factory, plant
faiz interest
fakat but, however / only
fakir poor, needy
fakirlik poverty
fakülte faculty, school
fal fortune telling
falcı fortune-teller
fani mortal
fantezi fancy, fantasy
far headlight / *(makyaj)* eye shadow
fare mouse, rat **–ler** mice
fark difference, distinction
fark etmek to notice / to realise
farkında olmak to be aware
farklı different
farzetmek to suppose
fasulye bean
fatura invoice
favori favourite / *(saçta)* sideburns
faydalı useful / profitable
faydasız useless / in vain
fazla excessive, too much, extra
feci terrible, painful, tragic
fedakâr self-sacrificing, loyal
felâket disaster, calamity, catastrophe
felç paralysis
felsefe philosophy
fena bad, evil, wicked
fenalaşmak to get worse / to aggravate / to feel faint
fenalık evil, badness
fener lantern / lighthouse
ferahlık relief, airiness
feribot car ferry, ferry, ferryboat
fermuar zipper, zip
feryat cry, wail
festival festival
fethetmek to conquer
fetih conquest
fevkalâde extraordinary / excellent
fıçı barrel, cask / tub
fıkra anecdote
fındık hazel-nut
fırçalamak to brush
fırın bakery/ furnace, oven
fırıncı baker
fırlatmak to hurl, to launch, to eject
fırsat opportunity, chance
fırtına storm, tempest, gale
fısıldamak to whisper
fısıltı whisper
fıstık pistachio nut, pea-nut
fıtık hernia
fidan shoot, sapling
fidye ransom
fikir opinion, idea, thought
fil elephant
fildişi ivory
filika lifeboat
Filipinler Philippines
filiz bud, tendril
film film, movie
film yıldızı film-star, movie star
filozof philosopher
filtre filter
final final
fincan cup
fındık hazelnut
firar escape, flight
firavun Pharaoh
fire loss, wastage
firma firm
fiş plug / card, slip
fiyasko failure, fiasco
fiyat price
fiziksel physical
flüt flute
fobi phobia
folklor folklore
fonksiyon function
forma uniform
formül formula
fosfor phosphorus
fotoğraf photograph
fotoğraf çekmek to take a photograph, to take a picture
Fransa France
frekans frequency
fren brake
fren yapmak to brake
fuar fair, exposition
futbol football, soccer
futbolcu footballer, football player
füze rocket

G g

galaksi galaxy
galeri art gallery
galiba probably, most likely, I guess, I think
galibiyet victory
galip victorious/ winner, victor
gar railway station
garaj garage
gardırop wardrobe
gardiyan prison guardian
garip strange, curious, peculiar / lonely, odd
garipsemek to find strange
garson waiter, waitress (kadın)
gaye aim, object, goal
gayret zeal
gazete newspaper, daily paper
gazeteci journalist, reporter
gazi war veteran
gazino casino, cafe
gazoz pop, fizzy lemonade
gebe pregnant
gece night
ece bekçisi night watchman
gecekondu shack, slum
gecekondu mahallesi
shanty town, ghetto
gecelemek to spend the night
gecikmek to be late, to be delayed
geciktirmek to delay
geç late, delayed
geçici temporary
geçinmek to get along with / to live on
geçiş passage / transition
geçit passage
geç kalmak to be late
geçmek to pass by, to pass through / to surpass, to leave behind / to be valid / to expire
geçip gitmek to pass by, to walk on by
geçit alley
geçmiş past
gelecek future, next
gelenek tradition, custom
geleneksel traditional
gelin bride / daughter-in-law
gelincik *(çiçek)* corn-poppy, *(hayvan)* weasel
gelinlik wedding-dress
gelir income, revenue
gelişim development
gelişmek to grow up, to mature, to develop, to progress
gelişmiş developed / grown-up
gelmek to come, to arrive
gemi ship, boat
genç young
gençleşmek to become youthful
gençlik youth / the young, younger generation
gene again / still, yet
genel general, common
genel müdür general director
general general
geniş wide, broad, spacious, vast
genişletmek to widen, to expand
geometri geometry
gerçek reality, truth/ real, true
gerçekten in fact, really, indeed
gerek necessary, needed
gerekçe reason
gerekirse if necessary
gerekli necessary, needed, required
gerekmek to be necessary
gereksinim need, necessity
gergedan rhinoceros, rhino
geri back, backward, behind
geri almak to retrieve
geri dönmek to return
geri gelmek to come back, to return
geri çekilmek to withdraw, to retreat
gerilim tension, stress / voltage
gevşetmek to loosen
geyik deer, stag
gezdirmek to show around, to walk, to take somebody for a walk
gezegen planet
gezgin traveller
gezi walk / excursion
gezinti walk, stroll
gezmek to walk about, to move about, to go about
gıda food, nourishment
gibi gelmek to seem, to appear
gider *(masraf)* expense, expenditure
giderek gradually, eventually

gidermek to remove
gidiş departure
gidişat course, development
gidiş-dönüş bileti return ticket, round-trip ticket
girilmez no admittance, no entrance
giriş entrance / introduction
girişim enterprise, attempt
girmek to come in, to enter, to go in / to join, to participate
gişe box office, ticket office
gitar guitar
gitmek to go, to leave / to move, to roll
giysi clothes, garments, dress
giz secret / mystery
gizem mystery
gizlemek to hide, to conceal
gizli hidden, secret, confidential
gizli tutmak to keep secret
gol goal
gol atmak to score a goal
goril gorilla
göbek belly / navel
göç migration, emigration
göçebe nomad
göçmek to migrate, to move from one place
göçmen immigrant, settler
göğüs chest, breast, bosom
gökdelen skyscraper
gök gürültüsü thunder
gökkuşağı rainbow
gökyüzü sky
göl lake
gölge shadow, shade
gömlek shirt
gönderen sender
gönüllü volunteer / willing
gönülsüz unwilling / disinclined
göre according to, in accordance with
görev duty, function, task
görevli in charge/ on duty
görgü good manners, social education
görgülü well-mannered
görgüsüz without manners, inexperienced
görkemli splendid, magnificent, majestic
görmek to see / to notice
görmezlikten gelmek to pretend not to see, to ignore
gösteri show, demonstration, display
gösteriş showing off, display, show
göstermek to show, to exhibit, to point at, to demonstrate, to expose
götürmek to take, to take away
gövde body, trunk, stem
göz eye / drawer / cell
göz alıcı eyecathing, striking
göz atmak to glance at
göz kapağı eyelid
göz kırpmak to wink, to blink
göz kulak olmak to look after, to keep an eye on
göz yummak to tolerate
gözetlemek to observe secretly, to peep, to observe
gözlem observation
gözetmek to look after, to take care of, to protect
gözlük glasses
gözükmek to appear, to show oneself, to be visible
gözüpek courageous, daredevil, plucky
gözyaşı teardrop
göz yummak to close one's eyes / to connive *(at)*
grafik graphic
gram gram
grev strike
greyfurt grapefruit
gri grey, gray
grip flu
grup group, section
güçlü strong, powerful
güçlük difficulty, trouble
güçsüz weak, feeble
gül rose
güldürmek to make laugh, to amuse
güldürü comedy
güle güle good bye! bye bye!
güler yüzlü cheerful
gülmek to laugh
gülümsemek to smile
gülünç ridiculous, funny
gümrük customs / duty, tariff
gümüş silver
gün day, daytime / light
günah sin -kar sinful
günaydın good morning
güncel actual, current
gündüz daytime, by day, in the daytime
güneş sun

güneşlenmek to sunbathe
güneş doğması sunrise
güneşli sunny
güneş tutulması solar eclipse, eclipse of the sun
güney south
günlük daily, of the same day / diary
güreş wrestling
gürlemek to thunder, to roar
gürültü noise, uproar
gürültülü noisy
gürültü yapmak to make noise
güven trust, reliance, confidence
güvence guarantee, assurance
güvenilir reliable, trustworthy
güvenlik security
güvenmek to trust in, to rely on
güvercin dove, pigeon
güverte deck

H h

haber news, information, message
haberleşme communication
haberleşmek to correspond, to communicate
hac pilgrimage to Mecca
hacı pilgrim
hacim volume
haç cross
hadise event, incident, happening
hafıza memory
hafta week
haftalık weekly
hafta sonu weekend
hain traitor
hakaret insult
hakaret etmek to insult
hakem referee, umpire
hak etmek to deserve
hakikat truth, reality / fact
hakikî real, true, genuine
hâkim judge / ruler, governer
hâkimiyet sovereignty, domination
hakkında about, concerning, on, regarding
haklı right / fair
halat rope
halbuki whereas, while, however
hale aureole
halen at present, now, presently
halı carpet, rug
Haliç the Golden Horn
halis pure, genuine
halk people, population, crowd, public
halter dumbell / weight - lifting
ham raw / unripe
hamal porter
hamam public bath, bathhouse / Turkish bath
hamile pregnant
hamle attack, endeavour, effort, rush
ham madde raw material
hamsi anchovy
han inn / large commercial building
han ruler, khan
hanımefendi lady / madam
hapishane prison, jail
hapsetmek to imprison
hapşırmak to sneeze
harabe ruin
haraç tribute
harap etmek to devastate
harcama expenditure, expense
harcamak to spend, to use / to waste
harç fee
harçlık pocket money, allowance
hardal mustard
hareket action / movement, motion
hareket etmek to move, to act
hareketli active, moving, lively
harem harem
harf a letter *(of the alphabet)*
hariç outside, exterior / excluded / except
haricî external, exterior
harika wonderful, extraordinary, marvellous, great
harita map
harp war, battle
Harp Akademisi War Academy, military college
hasar damage, injury
hasta sick / patient

hastahane hospital
hastalanmak to become ill
hastalık sickness / disease
hat line / dash
hata mistake, fault, error -lı faulty
havaalanı airport
havacı airman, pilot
havalandırmak to ventilate
havasız airless, stuffy
havlu towel
havuç carrot
havuz pool, pond
hayalet ghost
hayalî imaginary
hayalperest daydreamer
hayat life **-ta** living, alive,
haydut bandit, robber
hayır no / good, goodness
hayırlı auspicious, blessed / happy
hayvan animal, beast
hayvanat bahçesi zoo
hayvanî animal-like
hazırlık preparation
hazine treasure
hazmetmek to digest
haziran June
hece syllable
hedef target / object, aim
hediye present, gift
hediye etmek to give as a gift
hekim doctor, physician
hela toilet, water closet
helikopter helicopter
hem both• and also / and yet, **•de** moreover
hemen at önce, right now, just, **•hemen** almost
hendek ditch, dike
hemşire nurse
hentbol handball
herif fellow, guy, man
herkes everybody, everyone
hesap account,
hesap makinası calculator
hesaplı economical
heyecan excitement, emotion
heyecanlanmak to get excited
heyecanlandırmak to excite
heyet commission, committee, assembly
heykel statue
heykeltıraş sculptor
hıçkırık hiccup
hınç hatred, grudge, rancour
hırçın ill-tempered, shrew, wicked
Hristiyan Christian
hırka cardigan
hırs greed, ambition, passion
hırsız thief, burglar, robber
hırsızlık theft, robbery, burglary
hırslı greedy, ambitious
hışırtı rustling
hızlı fast
hibe gift, donation
hiddet anger, rage, fury
hiddetlenmek to become furious
hidrojen hydrogen
hikâye tale, story
hile trick, cheating
hile yapmak to swindle, to use a trick
hilekâr trickster, cheater, deceiver
hilesiz honest, true
hisse share
hissetmek to feel
hizmet service
hizmetçi servant, maid
hizmetkâr servant
hoca teacher
hoparlör loudspeaker
hoplamak to jump up and down
horoz cock, rooster
hortlak ghost, spirit
hortum hose, pipe / *(fil)* trunk
hostes airhostess, stewardess
hoşça kal! Goodbye!
hoşgeldiniz Welcome!
hoşgörü tolerance
hoşlanmak to like, to enjoy, to fancy, to be fond of
hoşnut pleased, contented, satisfied
hudut border, boundary, frontier, limit
hukuk law
hurafe superstition
hurma date
husus matter, subject, case
huy habit, temper
huzur peace of mind / peace, comfort
huzursuz uneasy, nervous, tense
hücre cell, chamber
hücum attack, assault, charge
hücum etmek to attack
hükümdar ruler, monarch, **-lık** sovereignty
hükümet government, state

I ı

ıhlamur lime tree, linden tree
ılık lukewarm, warm, tepid
Ilımlı moderate, temperate
ılıman mild
Irak Iraq
ırk race
ırkçı racist
ırkçılık racism
ırmak river
ısı heat
ısıtmak to warm, to heat
ıslak wet, soaked
ıslanmak to get wet
ıslatmak to wet, to soak, to drench
ıslık whistle
ısmarlamak to order
ıspanak spinach
ısrar insistence, persistence
ısrar etmek to insist on, to persist in
ıssız desolate, lonely, deserted
ıstakoz lobster
ıstırap suffering, pain, sorrow
ışık light
ızgara grill
ıvır zıvır rubbish

İ i

iade return
iade etmek to give back, to return
ibadet worship
iblis satan, devil
icat invention
icat etmek to invent
icraat operations, performances
iç çamaşırı underwear
içecek drink, beverage
içki drink
içkili intoxicated, drunk
içli sensitive
içmek to drink
idam execution**idam etmek** to execute
idare management, administrator
idareci manager, administrator
ideal ideal
idman gymnastics, physical training,
idrar urine
ifade statement, expression
iflas bankrupcy
iftihar pride
iftihar etmek to be proud of
iftira slander
iğne olmak to have an injection
iğne yapmak to give an injection
iğrenç loathsome, disgusting, revolting, repulsive
iğrenmek to be disgusted, to loathe, to abhor
iğrenti disgust
ihanet treachery, betrayal
ihanet etmek to betray
ihbar warning, notification
ihbar etmek to denounce
ihmal negligence
ihracat exports
ihraç exportation
ihtar warning
ihtimal probability / possibility
ihtiyarlamak to grow old
ihtiyarlık old age
ikâmet residence
ikâmetgâh place of residence
ikaz warning
iken while, during
iki two
ikilem dilemma
ikili binary
ikinci second
ikindi late afternoon
ikişer two each
iki yüzlü hypocritical, two-faced

ikiz twins
ikizler *(burç)* Gemini
iklim climate
ikna persuasion
ikna etmek to persuade, to convince
ikram etmek to offer
ikramiye prize *(in a lottery)* / bonus
iktisadî economic
iktisat economy
il province
ilâç medicine, drug, **•içmek** to take medicine
ilân advertisement, **•etmek** to announce, to declare / to advertise
ilâve addition / supplement, appendix
ilçe county
ile with / by means of, by and
ileri further on, forward / advanced
ilerlemek to advance, to progress, to improve
iletişim communication
iletki protractor
iletmek to send, to deliver at / to conduct, to convey
ilgi interest / connection, relation
ilgilendirmek to concern, to interest
ilgilenmek to be interested in
ilgili concerning / connected with
ilginç interesting
ilgisiz indifferent, unconcerned
ilim science
ilişik attached / connected, relating to
ilişki relation, connection
ilişkin regarding, concerning, relating to
ilk the first / initial
ilkbahar spring
İlk Çağ ancient times
ilk defa for the first time
ilke principle
ilkel elementary, primary, primitive
ilkokul primary school
ilk önce first of all
ilk yardım first aid
ilmi scientific
ilmik loop
iltifat compliment
iltifat etmek to pay a compliment
ima hint, allusion, implication
ima etmek to hint at, to allude to, to imply
imalâthane factory, workshop
imam Muslim priest, imam
iman faith, belief
imdat help, aid / Help!
imha destruction
imkân possibility, means
imkânsız impossible
imla spelling
imparator emperor
imtihan examination, exam
imza signature
imzalamak to sign
inanç belief / confidence, trust
ince thin, fine, slender, slim / subtle
incelemek to examine carefully, to inspect, to study
incelik thinness, slenderness / fineness, delicacy
inci pearl
İncil the Bible
incir fig
incitmek to hurt, to injure, to sprain / to offend
inç inch
indirim reduction, discount
indirimli satış sale
indirmek to lower, to reduce, to bring down
inek cow
infilâk explosion
İngiliz English
İngilizce English
İngiltere England, Great Britain
iniş descent, landing / slope
inkâr refusal, denial **•etmek** to deny, to disclaim
inkılâp revolution
inlemek to moan, to groan, to whine
inme stroke, paralysis, apoplexy
inmek to descend, to come down, to step down / to land
insan human being, man, mankind
insan hakları human rights
insanüstü superhuman
inşa construction / building
inşa etmek to build, to construct
inşaat construction / buildings
İnşallah I hope, God willing
intihar suicide
intihar etmek to commit suicide
intikam revenge, vengeance
intizam order, regularity
ip rope, string, cord
ipek silk / silken, **-böceği** silkworm

iplik thread, sewing cotton
iptal etmek to cancel, to annul
ipucu clue, hint
irade will-power, determination
iradeli resolute, strong -willed
iradesiz irresolute, weak
iri big, large, huge
irtibat connection, communication
isabet hit
ishal diarrhoea
isim name / noun / title
iskambil playing cards
iskele wharf, pier, quay, landing place
iskelet skeleton
iskemle chair
İslâmiyet Islamic religion, the religion of Muslim
ispat evidence, proof
ispatlamak to prove
israf wasteful, expenditure
istasyon station
istatistik statistics
isteyerek willingly
istifa resignation
istifa etmek to resign
istikamet direction
istikbâl future
istiklâl independence
isyan etmek to rebel
iş work, service, labour
işaret sign, mark
iş bölümü division of labor
işçi worker, labourer
işgal occupation
işkence torture, torment
işlek busy
işlem operation, procedure
işlemek to work, to perform, to do
işletme administration, management
işletmek to run, to operate
işporta peddling
işportacı street seller
işsiz unemployed
iştah appetite
işte here it is
işten çıkarmak to dismiss, to sack
işveren employer
iş yeri office, business
itaat obedience, •**etmek** to obey
itfaiye fire-brigade
ithalat imports
itici propellent
itimat confidence, •**etmek** to rely on, to trust
itina care
itiraf confession, admission
itiraf etmek to confess, to admit
itiraz objection
itiraz etmek to object
itmek to push
ivedi urgent
iyi good / well, in good health / kind
iyilik kindness, favour
iyimser optimist, optimistic
iz trace / track
izci boy scout, scout
izin permit, permission, leave / license
izin almak to get permission
izinli on leave, with permission
izin vermek to give permission, to allow, to let
izlenim impression
izleyici spectator, viewer
izmarit cigarette butt

J j

jaguar jaguar
jaluzi venetian blind
jandarma soldier serving with the police, gendarme
jant rim
jelatin gelatine
jeneratör generator
jeolog geologist
jeoloji geology
jest gesture
jeton token
jimnastik gymnastics
joker joker
jöle gel, jelly
jübile jubilee
Jüpiter Jupiter
jüri jury
jüri üyesi juror

K k

kaba coarse, rough / rude, impolite, vulgar
kabile tribe
kabiliyetli talented, capable, gifted
kabiliyetsiz untalented, incapable
kabir grave, tomb
kablo cable
kabul acceptance, admission, reception
kader destiny, fate
kadın woman, lady, female **–lar** women
kafa head -tası skull
kafes cage, pen
kafeterya cafeteria
kâfi enough, sufficient
kâğıt paper / of paper
kağıt oyunu game of cards
kahkaha laughter
kahraman hero, heroine
kahvaltı breakfast
kahvaltı etmek to have breakfast
kahve coffee -rengi brown
kahvehane coffe shop, café
kahya steward
kainat cosmos, universe
kakao cocoa
kalabalık crowd, crowded
kalça hip
kale fortress, castle **–ci** goalkeeper
kalem pencil, pen
kalın thick, coarse
kalıntı remainder, residue
kalite quality
kalkış departure
kalkmak to rise, to get up, *(ayağa)* to stand up
kalmak to remain, to stay *(sınıfta)* to fail
kalori calorie
kalp heart **–krizi** attack
kalpazan counterfeiter
kamara ship's cabin
kambur hunchback
kamera camera
kamp camp, camping
kamyon lorry, truck
kan blood –akmak to bleed
kanal canal / channel
kanalizasyon sewer
kanarya canary
kandırmak to cheat
kanepe sofa, couch
kanguru kangaroo
kanıt proof, evidence
kanser cancer
kantin canteen
kanun law -i legal
kapak cover, lid
kapalı shot, covered, close
kapı door, gate -cı janitor
kapılmak to get carried away
kaplamak to cover
kaplan tiger
kaplıca thermal spring
kaplumbağa turtle, tortoise
kapmak to snatch
kaporta hood
kapris caprice
kapsam content
kapsamak to contain
kapsül capsule
kaptan captain
kar snow
kardan adam snow man
kar gain, profit
kara land / black **–borsa** black market
karabiber black pepper
karaciğer liver
karakter character
karamsar pessimistic
karanfil carnation
karanlık darkness, dark
karantina quarantine
karar decision, resolution
karar vermek to decide
kardan adam snow-man
kardeş brother *(erkek)* sister *(kız)*
kardeşlik brotherhood, sisterhood
kâr etmek to profit

karga crow, raven
kargaşa disorder
kargo cargo
karı woman / wife
karın abdomen, belly / stomach
karın ağrısı stomachache
karınca ant
karides shrimp
karikatür cartoon
karikatürist cartoonist
kariyer career
karizmatik charismatic
karlı snowy
karmaşa complexity
karmaşık complex
karnaval carnival
karne report card
karpuz water melon
kart postcard
kartal eagle
kar yağmak to snow
kasa safe, cash box, chest / cash register / vault
kasaba town, small town
kasap butcher
kaset cassette
kasiyer cashier
kasten intentionally, deliberately, on purpose
kastetmek to mean, to intend
kaşar cheddar type cheese
kaşık spoon
çay kaşığı tea spoon
katil murderer, killer
katip clerk
katiyen never, by no means, absolutely
katkı contribution, supplement
katlamak to fold, to plead
katman layer
Katolik Catholic
katran tar
kavga fight, quarrel, row
kavgacı quarrelsome
kavga etmek to fight, to quarrel with
kavun melon
kavurmak to fry, to roast
kaya rock
kayak ski / skiing
kayalık rocky
kaybetmek to lose
kaygan slippery
kaygı worry, anxiety
kaygılanmak to worry about
kaygılı worried, anxious
kaygısız carefree
kayık boat
kayın birader brother-in-law
kayıp loss / lost
kayısı apricot
kayış belt, strap
kaymak to slip, to slide, to glide, *(paten)* to skate
kaymak cream
kaymakam governor of a district
kaynana mother-in-law
kaynatmak to boil
kaza accident
kazak pullover, jumper, jersey
Kazakistan Kazakhstan
kazanç gain, profit, earnings / benefit
kazançlı profitable
kazanmak to win, to gain, to earn, to make a profit
kaza yapmak to have an accident
keçi goat
keder grief, sorrow
kederli sorrowful, grieving
kedi cat
kek cake
kekelemek to stutter
kekeme stutterer
kekik garden thyme
kel bald
kelebek butterfly
kelime word
kemancı violinist
kemer belt, girdle/ arch
kemik bone
Kenya Kenya
kep cap
kepçe ladel
kepek dandruff *(saç)* / bran
kereviz celery
keriz sucker, dupe
kesmek to cut / to interrupt, to break off
kestane chestnut
kestirmek to take a nap, to doze

keşfetmek to discover, to explore, to find out
keşif discovery, exploration
keşke I wish, if only
ketçap ketchup
keyif pleasure, delight, enjoyment
keyiflenmek to enjoy oneself
keyifsiz in a bad mood, depressed
kıl hair, bristle
kılavuz guide, leader
kılçık fishbone
kılıç sword
kılıf case, cover
kılık appearance / dress, costume
kıllı hairy
kımıldamak to move, to stir
kına henna
kınamak to blame
kır grey *(renk)*
kıraathane coffee house
kırık broken, fractured / *(okul)* bad mark
kırılgan fragile, breakable
kırlangıç swallow
kırmak to break, to crush
kırmızı red
kırtasiye stationery
kısa short / brief, concise
kıskanç jealous
kıskanmak to be jealous of, to envy
kısmak to reduce, to cut down
kısmen partly, partially
kısmet luck, chance, destiny, fortune, fate
kısmî partial
kış winter
kışkırtmak to incite, to provoke
kıt scarce, deficient
kıt'a continent / segment
kıtlık scarcity / famine
kıvanç pride, joy, pleasure
kıvılcım spark
kıvırcık curly
kıvrık curled, twisted / folded
kıyafet dress, costume, clothes
kıyas comparison
kıyaslamak to compare with
kız girl, daughter *(kız evlât)*
kızak sledge, sled, sleigh
kızamık measles
kızarmak to blush, to turn red
kızartmak to fry
kızdırmak to make angry, to irritate, to upset
kızgın angry, furious / red hot
kızgınlık anger, rage, fury
kızıl red, scarlet
Kızılay Red Crescent
kibar polite
kiler cellar, pantry
kilim rug
kilise church
kilit lock, latch, padlock
kilo kilo, kilogram
kilo almak to put on weight, to gain weight
kilogram kilogram
kilometre kilometer
kir dirt, filth
kira rent, hire
kiracı tenant, lodger
kiralamak to rent, to lease
kiralık rent, for hire
kirasız rent-free
kiraya vermek to let, to lease
kiraz cherry
kireç lime
kiremit tile, roof tile
kiriş tendon / beam / chord
kirpik eyelash
kişi individual, person
kişilik personality
kişisel personal
kitap book
kitapçı bookseller, bookstore
klima air-conditioner
klinik clinic
klor chlore
klozet closet
koca husband / great, aged
kocamak to grow old
kocaman huge, enor-mous
koç ram / *(burç)* Aeries
koçan corncob, stump
kod code
kof hollow / weak
koğuş dormitory, ward
kokarca skunk

koklamak to smell, to sniff
kokmak to smell / to stink
kokmuş rotten, stank
kokteyl cocktail
koku smell, scent, odour, perfume
kokulu scented, perfumed
kokusuz scentless
kokuşmak to putrefy
kol arm, branch, handle, bar / sleeve *(elbise)*
kola coke, cola / starch
kolay easy, simple
kolayca easily
kolaylaşmak t o become easy
kolej private school, college
koleksiyon collection
koli parcel, package
kolonya eau de Cologne
koltuk armchair
koltuk altı armpit
kolye necklace
komedi comedy
komi bellboy
komik funny
komiser superintendant, sergeant of police
komisyon committee/ commission
komite committee
komplo plot, conspiracy
kompozisyon composition
komşu neighbour
komut order, commandment
komutan commander
komünist communist
komünizm communism
konak mansion, residence
konaklamak to stay for nlght, overnight
konfeksiyon ready-made clothing
konferans lecture, conferance
konfor comfort, ease
konforlu comfortable
kongre congress
koni cone
konmak to settle
konser concert
konu subject, topic, matter
konuk guest, visitor
konuksever hospitable
konum position, location, orientation
konuşkan talkative
konuşma speech
konuşmak to speak, to talk
konut house, residence
konyak brandy, cognac
koridor passage, corridor, hall
korkak coward
korkmak to be afraid of, to fear, to be scared of
korkmuş afraid, scared, frightened
korku fear, fright, terror, horror
korna horn
korner corner
korsan pirate, hi-jacker
kort tennis court
koru grove
koruma protection
korumak to protect, to defend
kostüm suit, costume
koşmaca tag *(children's game)*
koşmak to run, to sprint
koşu race
koşucu runner
koşul condition
kot jeans
kova bucket / *(burç)* Aquarius
kovalamak to run after, to chase, to pursue
koy small bay, inlet
koymak to put, to set, to place
koyu thick, dense / dark
koyun sheep
koza cucoon
kozalak pine cone
köfte meatballs
kök root / origin
köle slave
kömür coal, charcoal
köpek dog
köprü bridge
köpük foam / froth
kör blind / blunt *(bıçak)*
körebe blind man's buff
körfez gulf
köşk villa, mansion
kötü bad, wicked, evil
kötü davranmak to mistreat
kötüye kullanmak to abuse, to misuse

kötülük harm, evil
kötülük etmek to do somebody harm
kötümser pessimistic, pessimist
kötürüm paralyzed, crippled
köy village, country
köylü villager, peasant
kral king
kraliçe queen
krallık kingdom
kravat tie, necktie
kredi credit
krem cream
krema whipped cream
kreş creche, public nursery
kriko lifting jack
kristal crystal
kriter criterion
kritik critical
kriz crisis / heart attack
kroki sketch
krom chrome
kronik chronic
kronolojik chronological
kuaför hairdresser, coiffeur
kudret strength, power, might
kuduz rabies
Kudüs Jerusalem
kulak ear **–zarı** eardrum
kule tower
kullanıcı user
kullanılmış second-hand
kulüp club
kum sand -saati hourglass
kumanda control
kumar gambling
kumarbaz gambler
kumarhane casino
kumar oynamak to gamble
kumaş cloth, tissue, fabric
kumsal beach
kundura shoe
kunduz beaver
kupa cup / *(iskambilde)* hearts
kupkuru bone-dry
kupon coupon
kur'a lot
kurabiye cookie
kura çekmek to draw lots
kurak dry, arid
kural rule
Kur'an the Koran
kurbağa frog
kurban victim, sacrifice
kurban etmek to sacrifice
kurşun lead / bullet
kurt wolf / worm, maggot
kuru dry, dried
kurumak to dry up
kuş bird
kuşatmak to surround
kuşak generation / girdle, belt
kuşbeyinli feather-brained
kuşku suspicion
kutsal sacred, holy, blessed
kutu box, case
kutup pole -yıldızı polaris
kutup ayısı polar bear
kuzen cousin
kuzey northern, north
kuzgun raven
kuzu lamb
küçük small, little
küf mould
külot underpants, knickers
kül tablası ashtray
kültür culture
kümes poultry, coop
küpe earring
kürdan toothpick
küre globe, sphere
kürek shovel / oar, paddle **•çekmek** row
kürk fur, fur-coat
kürsü pulpit
kürtaj abortion
küsmek to be offended, to sulk, to become cross
kütüphane library

L l

lâbirent labyrinth
lâboratuvar laboratory
lâcivert dark blue, navy blue
lahana cabbage
lâik secular
lâiklik secularism
lâle tulip
lâmba lamp
lanet curse, damnation
lavabo washbasin, sink
lâyık deserving, suitable, worthy
lâzım necessary
lehçe dialect
lehinde in favor of
leke stain / spot, blot
lekelemek to stain, to soil, to blemish
lekeli spotted, stained
leş carcass
levye lever, crank
leylâk lilac
leylek stork
lezzet taste, flavour
lezzetli tasty, savory, delicious
lider leader
lif fiber
lig league
likit liquid, fluid
likör liqueur
liman harbour, seaport, port
limon lemon
limonata lemonade
liste list
litre liter
lobi lobby
lojman flat, house *(provided to employees, workers)*
lokal club / local
lokanta restaurant
lokma morsel
lokomotif locomotive
lokum Turkish delight
lügat dictionary
lüks luxury
lütfen! please

M m

maaş salary
mabet temple
mağlubiyet defeat
macera adventure **–perest** adventurous
maç match
maça *(iskambilde)* spade
madalya medal
mağara cave
mağaza shop, store
mağlup defeated
mağlup etmek to defeat, to overcome
mahalle district, quarter
mahzen underground, cellar
majeste majesty
makale article
makara bobbin, reel
makarna macaroni
makas scissors, sheers
makbuz receipt
makyaj make-up
mal property, possession, goods, merchandise / wealth,
malak buffalo, calf
malûmat information, knowledge
malzeme supplies, provisions, materials
mama baby food
mamafih nevertheless, however, yet
mana meaning, sense
manasız meaningless, senseless
manastır monastery
manav green grocer
mandalina tangerine
manevî moral, spiritual
mangal brazier
mâni obstacle

mâni olmak to prevent
manikür manicure
manken mannequin / model
manolya magnolia
mantık logic, reasoning
mantıken logically
mantıksal logical, reasonable
manyak maniac
manyetik magnetic
manzara view, sight, land scape, scenery
marangoz carpenter
maraton marathon
mareşal marshal
marka mark, trademark, brand
marmelât marmalade
Mart March
martı sea gull
marul cos lettuce
masa table / desk
masal tale, story
masaj massage
masraf expense, expenditure
mastar infinitive
masum innocent -iyet innocence
maşa tongs, pincers
matbaa printing press
matem mourning
matematik mathematics, maths
mavi blue
maya yeast, ferment
maydanoz parsley
mayın mine
mayıs May
maymun monkey, ape
maymuncuk skeleton key, pick-lock
mayo bathing suit, swimsuit
mayonez mayonnaise
mazeret excuse, apology
mazot diesel oil, fuel-oil
mecaz metaphor
mecazî figurative
mecbur forced, compelled
mecburen by force, compulsorily
mecburî compulsory, obligatory
meclis assembly, council, parliament
mecmua magazine
meçhul unknown
med cezir tide
medenî civilized, civil
medeniyet civilization
medya media
mehtap moonlight
mekanik mechanics, mechanical
mekik shuttle
Meksika Mexico
mektep school
mektup letter
mektup arkadaşı pen-pal
melek angel
melez half-bred, hybrid
melodi melody
meltem breeze
meme breast
memeli mammal
memleket country, homeland
memnun pleased, glad, delighted
memnuniyet delight, gladness
memur officer, civil servant
menajer manager
mendil handkerchief
menekşe violet
menfaat interest, benefit, advantage
menü menu
merak curiosity / anxiety
meraklanmak to be anxious, to worry / to get curious
meraklı anxious, worried / curious
meraksız indifferent, uninterested
mercan coral
mercek lens
mercimek lentil
merdiven staircase / stairs, ladder
merhaba hello
merhamet pity, mercy, kindness
merhametsiz merciless, cruel
merhem ointment
Merih the planet Mars
merkez centre / headquarters, central office
merkezî central
Merkür Mercury
mermer marble
mermi shell, bullet, projectile
mert brave
Meryem Ana Virgin Mary
mesafe distance
mesaj message, notice
mescit small mosque
meselâ for example, for instance
mesele problem, matter, point, question
meslek profession, career
meslektaş colleague
mesut happy
meşale torch

meşe oak
meşgul busy, occupied / engaged
meşhur famous, well-known
meşru legitimate
meşrubat drinks, soft drinks, beverages
metal metal
meteoroloji meteorology
methetmek to praise
metre metre, **-kare** square
metreküp cubic metre
metres mistress
metro subway, underground
mevsim season
mevsimlik seasonal
mevzu subject, plot, matter, topic
meydan open space, square
meyve fruit
meyve suyu fruit juice
mezar grave
mezarlık graveyard, cemetery
mezbaha slaughterhouse
meze appetizer, snack
mezun graduate
mezun olmak to graduate
mezuniyet graduation
mıknatıs magnet
mırıldanmak to grumble, to murmur, to mutter
mısır corn, maize
Mısırlı Egyptian
mide stomach
mikrop microbe
mikroskop microscope
mikser mixer, blender
miktar quantity, amount / dose
mil mile
millet nation, people,
milletler arası international
milletvekili member of Parliament
milliyetçilik nationalism
milyar billion
milyarder bilionaire
milyon million
mimar achitect
mimarlık architecture
minare minaret
mirasa konmak to inherit
mirasçı heir, heiress
misafir guest, visitor
misafirhane guest house
mizah humour, joke
mobilya furniture
moda fashion, style
model model, pattern, example / mannequin
modern modern, up-to-date
modernleştirmek to modernize
mola rest, pause, break
molekül molecule
moloz rubble
montaj assembly
mor purple, violet
moralini bozmak demoralize
moral vermek to cheer somebody up, to reassure
morarmak to turn purple
moruk old man, dotard
Moskova Moscow
motel motel
motor motor, engine
motosiklet motorcycle, motorbike
muayene examination
muayene etmek to examine, to inspect
muayenehane doctor's office
muhabbet chat
muhakeme judgement
muhakkak certain, sure, without doubt, certainly
muhalefet opposition
muhasebe accountancy, bookkeeping
muhasebeci accountant
muhtaç in need of, needy, dependent
muhtaç olmak to be in need
muhtemel probable, likely
mukaddes sacred, holy
mukavele contract, agreement
mukavva cardboard
mukayese etmek to compare
muktedir capable, able
mum candle / wax
mumya mummy
muntazam regular, tidy, orderly
murat wish, desire/ intention
Musa Moses
Musevi Jewish, Jew
musibet calamity, evil
musluk tap, faucet
muson monsoon
mutfak kitchen
mutlak absolute
mutlaka absolutely, definitely, certainly
mutlu happy, glad, lucky
mutluluk happiness

mutsuz unhappy
muz banana
muzaffer victorious
mübalâğa exaggeration
mübarek blessed, sacred
müdür director, manager, administrator
müfettiş inspector, supervisor
mühendis engineer
mühim important, urgent
mühür seal
mühürlemek to seal up
müjde good news
mükâfat reward, prize, premium
mükemmel perfect, excellent, complete
mülakat interview
mülk property, real estate
mülteci refugee
mümin believer
müracaat etmek to apply
mürebbiye governess
mürekkep ink
mürettebat crew *(of a ship, plane)*
müsaade permission / permit *(yazılı)*
müsabaka competition, contest, race
müsait suitable, favourable, convenient
Müslüman Muslim
müzayede auction
müze museum
müzik music
müzikal musical
müzisyen musician

N n

nabız pulse
nadir rare, unusual
nahoş unpleasent
nakavt knock-out
nakış embroidery
nakil transfer, transport
nakit cash
naklen live
nakletmek to transport, to transfer
nal horseshoe
namlu barrel *(of a gun)*
namus honour, good name
nane peppermint
nankör ungrateful
narin slender, delicate
nasıl how
naylon nylon
naz reluctance
nazar the evil eye
nazik delicate, elegant / polite, courteous, kind
neden what for, why / cause, reason
nedensel causal
nefes almak to breathe
nefis excellent, exquisite, delicious, fine
nefret disgust, loathing, hatred
nefret etmek to hate, to loathe, to abhor, to detest
negatif negative
nehir river
nem moisture, dampness
nemli moist, damp
nesne object / thing
neşe delight, joy, gaiety
neşeli cheerful, merry
net clear / net
netice result, consequence / conclusion
nevi sort, kind, variety / species
nezaket delicacy, politeness
nezle cold
nezle olmak to catch a cold
niçin why, what for
nihayet at last, finally
nikâh marriage, wedding
nikâhlı married
nilüfer water lily
nine grandmother
ninni lullaby
nisan April
nişan sign, mark / engagement
nişanlanmak to get engaged
nişanlı fiance, fiancee
nişasta starch
nitekim just as
nitelik quality, qualification

niye why
niyet intention, purpose
niyet etmek to intend
Noel Christmas **-baba** Santa Claus
nohut chickpea
noksan deficient
nokta point, dot, period / spot
noktalı dotted, speckled
noktalı virgül semicolon
not note / mark, grade
nota musical note
noter notary
nöbet turn, guard, watch
numara number / trick
numara yapmak to pretend, to act
numune sample, model
nükleer nuclear
objektif objective

O o

ocak January
ocak stove, furnace, cooker, oven
oda room, chamber / department
odak focus
odun firewood, log
ofis office
ofsayt offside
oğlak capricorn
oje nail polish
ok arrow
okçu archer
okçuluk archery
oksijen oxygen
okşamak to caress, to stroke, to pat
okul school **ilkokul** primary school, elementary school
okumak to read
okyanus ocean
olağan ordinary, usual, **-üstü** extraordinary, unusual
olanak possibility
olanaksız impossible
olası probable
olta fishing-rod
olumlu positive, affirmative
olumsuz negative
olur all right, OK
oluşmak to be formed
omlet omelette
omur vertebrae
omuz shoulder
on ten
onarım repair, restoration
onarmak to repair, to mend
onay approval, consent
onaylamak to approve
onbaşı corporal
on iki twelve
onurlu dignified, proud
operasyon operation
operatör surgeon / operator
orada there
orak reaper, sickle
oran proportion, ratio, rate, scale
orantı ratio
ordu army
organizatör organizer
organizma organism
orjinal original
orkestra orchestra
orman forest, wood
orta middle, centre, central / average
Orta Doğu the Middle East
ortak partner, associate / in common
ortalama average
ortam environment / atmosphere
ortaokul junior high school, secondary school
oruç fasting, fast
Osmanlı Ottoman
ot grass, weed, herb
otel hotel
otlak pasture
oto car, auto
otoban highway
otobüs bus
otomatik automatic
otomobil car, automobile
otostop yapmak to hitchhike
otoyol motorway, express-way
oturma odası living room
oturmak to sit, to sit down / to reside
oturum session
oy vote

oy vermek to vote
oyalamak to detain
oymak to carve
oynamak to play
oysaki yet, however, whereas
oyuk hollow / cavity
oyun game, play, joke
oyunbaz playful
oyuncak toy, plaything
oyuncu player / actor
oyun oynamak to play a game / to play a trick on
ozon tabakası ozone layer

Ö ö

ödeme payment
ödemek to pay
ödenek allowance, fund
ödev duty / homework
ödül kazanmak to win a prize
ödün compensation, concession
ödün vermek to make a concession
ödünç loan, borrowed
öğle noon, midday
öğleden sonra in the afternoon
öğle yemeği lunch
öğrenci pupil, student
öğretmen teacher, instructor
öğün meal
öğüt advice
öğütlemek to advise
öğüt vermek to give advice
öksürmek to cough
öksürük cough
öksüz orphan
öküz ox
ölçek measure, scale
ölçmek to weigh
ölçü measure
ölçüm measurement
öldürmek to kill, to murder
ölmek to die, to pass away
ölü dead, deceased / corpse
ölüm death
ölümcül fatal, deadly, mortal
ölümlü mortal
ölümsüz immortal, undying
ömür life, existence
ön front, foremost
önce at first / before, previously / ago
öncelik priority
öncü pioneer, vanguard
önder leader, chief
önek prefix
önemli important
önemsiz unimportant, trivial
öneri suggestion
önerme proposition
öpmek to kiss
öpücük kiss
ördek duck
örgüt organization
örmek to knit
örneğin for example, for instance
örnek example / sample, model
örtülü covered, wrapped up, concealed
örümcek spider
örümcek ağı cobweb
öte the farther side / farther, further
övünmek to boast, to praise oneself, to brag
öykü story, tale
öyle such, like that
öz own, self / pure / essence, pith
özel special / private, personal
özellik feature, property
özellikle especially, particularly
özen care
özen göstermek to take pains
özerk autonomous
özerklik autonomy
özet summary, extract
özetlemek to summarize, to sum up
özgü peculiar to, proper to
özgün original
özgür free
özgürlük freedom, liberty
özür excuse / apology
özür dilemek to apologize, to
özürlü defective, handicapped

P p

padişah Sultan of the Ottoman empire
pahalı expensive, dear
paket package, parcel
palto coat, overcoat
palyaço clown
pamuklu cotton
paniğe kapılmak to panic
panjur shutters
pansiyon boarding house
papağan parrot
papatya daisy
papaz priest
para money, coin
parasız free / penniless, broke
paraşüt parachute
paratoner lightning conductor
parça piece, fragment, bit
pardösü light overcoat
park park / parking place, parking lot
parlak shining, bright, brilliant
parmak finger, toe *(ayak)*
parmaklık railing, grating, banisters
parola password
pasaport passport
paskalya easter
paspas doormat
pasta cake, pastry, tart
pastahane pastry shop
pastırma pastrami
patates potato
patlıcan eggplant, aubergine
patron boss, employer, head
pay share, lot
payda denominator
paydos break, rest
pazar Sunday / market, market place
pazarlama marketing
pazarlık bargaining, bargain, deal
pazartesi Monday
peçete napkin, serviette
peltek lisping
pembe pink
pembeleşmek to turn pink
penaltı penalty kick
pencere window
peron platform
personel personnel, staff
peruk wig
pervane propeller, screw
pes etmek to accept defeat, to give up
peşin in advance, cash
peşinat advance payment
petek honeycomb
petrol petroleum, oil
peygamber prophet
peynir cheese
pınar spring, fountain, source
pırasa leek
pırıldamak to glitter, to gleam, to glisten
pırıltı glitter
pırlanta diamond
pide flat bread, muffin
piknik picnic
pil battery
pilav rice, pilaf
piliç chicken
pilot pilot
pinti miserly, stingy
pipo pipe
pis dirty, filthy
pis kokmak to stink, to smell bad
pislik dirt, mess
pist runway / running track / dance floor
pişirmek to cook
piyano piano
plaj beach
polis police / cop, policeman, police officer
politika politics
politikacı politician
porsiyon portion, helping
portakal orange
posta post, mail
postacı postman, mail man
postahane post office
postalamak to post, to mail
poşet small bag
pozitif positive
pratik practical, useful
problem problem
profesyonel professional
prova etmek to try on, to give something a trial
psikoloji psychology
pusula compass

R r

radar radar
radikal radical
raf shelf
rafadan soft-boiled *(egg)*
rağbet demand / desire
rağmen in spite of, despite, though, although
rahat ease, comfort / comfortable, at ease
rahim womb, uterus
rahip priest
Ramazan Ramadan
rampa ramp
randevu appointment, rendezvous, date
randevu almak to get an appointment
reçel jam
reçete prescription
refakat etmek to accompany
refleks reflex
rehber guide, guidebook
rehin pawn, pledge
rehine hostage
reis head chief, president
rejim regime / diet
rekabet competition, rivalry
reklam advertisement
rekor rekor
rekortmen record holder
renk colour
renkli coloured, colourful
renksiz colourless, pale
resim picture, design, drawing, photograph, illustration
rezalet scandal
rezalet çıkarmak to cause a scandal
rezervasyon reservation, booking
rezervasyon yapmak to make a reservation, to book a place
rezil vile
rıhtım quay, wharf
rıza consent, approval
rica request
rica etmek to ask, to request
rimel mascara
riskli risky
ritm rhythm
riziko risk
robot robot
roket rocket
rol yapmak to act
roman novel
romancı novelist
romantik romantic
Romanya Roumania
romatizma rheumatism
rota course *(of a ship)*, route
röntgen X-ray
röportaj interview
ruh hastası psychopath,
ruhsal psychological
ruhsat license, permit
ruhsuz lifeless / dull
rütbe degree, rank, grade
rüya dream
rüya görmek to dream

S s

saat hour / watch, clock •**kaç?** What time is it? What's the time?
sabah morning
sabahleyin in the morning
sabahlık dressing-gown
sabır patience
sabırlı patient
sabretmek to be patient
sabun soap
saç hair
saçak eaves
saç kurutma makinesi hair drier
sadaka charity
sadakat loyalty, fidelity, devotion
sadakatsiz disloyal, infidel
sade simple, plain
sadık faithful, devoted, loyal
sağır deaf
sağlam strong, firm / safe, sound / healthy
sağlık health
sağlıklı healthy
sahil shore, coast, bank
sahip owner, master
sahipsiz abandoned, dispossessed
sahne stage, scene
sahte fake, false, counterfeit
sahtekar forger, faker
sakal beard
sakar awkward, clumsy
sakat crippled, disabled
sakız chewing gum, mastic
sakin calm, quiet
saksı flowerpot, vase
sal raft
salak silly
salam salami
salata salad / lettuce
salatalık cucumber
salgı secretion
salgılamak to secrete
salgın epidemic
salı Tuesday
salıncak swing
salınmak to swing, to sway
salkım bunch, cluster
sallamak to swing, to wave, to shake, to rock
sallanmak to shake, to move
salon hall, living room, lounge, parlour
saltanat sovereignty
salya saliva
salyangoz snail
saman straw
Samanyolu the Milky Way
samimî sincere
samimiyet sincerity
sana to you, for you
sanal virtual, imaginary
sanat art, craft **güzel sanatlar** fine arts
sanatçı artist, actor / craftsman
sanatkâr artisan, artist
sanayi industry
sancı pain, ache
sandal rowboat, rowing boat
sandalye chair
sandık chest, box
saplanmak to be stuck in, to sink into
sargı bandage
sarhoş drunk, boozer
sarhoş olmak to get drunk, to get intoxicated
sarı yellow
sarılı surrounded / wound / wrapped up
sarılık jaundice
sarılmak to embrace, to hug, to cuddle
satıcı salesman, seller
satılık on sale, for sale
satın almak to buy, to purchase
satranç chess
savaş war, combat
savcı public prosecuter
savunma defence
savunmak to defend
sayfa page
saygı respect
saygı duymak to respect

saygılı respectful
saygı göstermek to show respect
saygısız having no respect, disrespectful
sayı number / issue
saymak to count / to respect
saz string instrument
seans session, seance
sebze vegetable
seçenek choice, alternative
seçim election
seçkin distinguished
seçmek to choose, to select / to elect
seçmen voter
sefil poor, indigent
sekiz eight
sekreter secretary
seks sex
seksen eighty
sektör sector
sel flood
selâm greeting, salutation
selâmlamak to salute, to greet
sele bicycle saddle
sembol symbol
seminer conference, seminar
sempati sympathy
semt region, neighborhood
sen you **–in** your, yours
senaryo screenplay, scenario
sendelemek to stagger
sene year
senfoni symphony
sepet basket
sera greenhouse
serap mirage
serbest free / disengaged
serçe sparrow
sergi exhibition / display
seri series
serin cool, chilly
sermaye capital, stock
sermek to spread over
sersem stunned, silly
serseri vagabond, tramp
sert hard, stiff / harsh
sertifika certificate
serum serum
servet wealth
servis service, operation
ses sound, voice
ses alıcı tape recorder
sesli *(harf)* vowel
sessiz quiet, silent *(harf)* consonant
set barrier, dam
sevgi love
sevimli cute
sevinç joy, delight
seviye degree, level, rank
sevmek to love
seyahat journey, trip
seyirci spectator **–ler** audience
sezmek to percieve
sıfır zero
sığ shallow
sığınak shelter
sınav examination
sır secret, mystery
sigorta insurance
sihir magic, sorcery
silah weapon, arm
silgi eraser
silindir cylinder
silmek to wipe
simge symbol, sign
sincap squirrel
sinek fly
sindirim digestion
sinyal signal
sipariş order
siren siren
sirke vinegar
sis fog, mist, haze
sistem system
sivil civilian
soğumak to get cold
sohbet chat, conversation
sokak street
somut concrete / tangible
son last, final / end, ending
sonbahar autumn
sonsuz eternal, endless
soru question
sorumlu responsible
sorun problem, concern
soy ancestry, lineage
soyadı last name
soygun robbery
soylu noble

soymak to undress / to peel
soyut abstarct / intangible
söğüt willow
sökmek to dismantle
sömestr semester
sömürmek to exploit
söndürmek **to extinguish, to put out**
sönmek to go out
söylemek to tell, to say
söz word / promise
sözde so-called
spiker announcer
spiral spiral
spor sports
sporcu sportsman
stad stadium
stil style
strateji strategy
su water
subay officer
suç guilt, crime / fault
suçlamak to accuse
suni artificial
sunmak to offer / to present
sur rampart
surat face
Suriye Syria
susam sesame
susamak to be thirsty
susmak to be silent
sünger sponge
sünnet circumcision
süpürge broom
süpürmek to sweep
sürahi pitcher
sürat velocity
süre period, duration
sürgün exile
sürmek to drive *(a car)*
sürüngen reptile
sürüklemek to drag
süs ornament, decoration
süt milk
sütun column, pillar
süzmek to filter

Ş ş

şafak dawn, twilight
şahane magnificent
şahıs person
şahin falcon
şair poet
şaka joke
şaka yapmak to joke
şamata uproar
şamdan candlestick
şampanya champagne
şampiyon champion
şampuan shampoo
şans chance/ luck
şarap wine
şeftali peach
şehir city
şeytan devil, satan
şikayet complaint •**etmek** to complain
Şili Chile
şimdi now, currently
şimdilik for time being
şimşek flash
şirin cute
şoför driver
şok shock
şov show
şöhret fame, reputation
şölen feast
şömine fire-place
şövalye chevalier
şöyle such •**böyle** so so
şu this/ that
şüphe doubt, suspicion

T t

tabak plate
tabiat nature
tabii! of course!
tablo picture
tabu taboo
tabure stool
tabut coffin
taciz etmek to harass
taç crown
tahta wood / plank
takı suffix
takım team
takip pursuit
taklit counterfeit, sham •**etmek** to imitate
takmak to attach
taksit instalment
takvim calendar
tamam! Okay !
tamir etmek to repair, to maintain
tan dawn
tane grain / piece
tanık witness
tanım definition
tanımak to recognize
tank tank
tansiyon blood-pressure
tapmak to worship
taraf side
tarak comb
tarçın cinnamon
tarım agriculture
tarif description / recipe
tarih history / date
tarla field
tartışma arguement
tartışmak to argue
tarz style
tas bowl
tat taste, flavour
tatil holiday
tatlı sweet
tatmak to taste
tavla backgammon
tavşan hare, rabbit
tavuk hen, chicken, poultry
tayfa crew
taze fresh
tebeşir chalk
tebrikler! Congragulations!
tecrübe experience
tedavi treatment
tedbir precaution
teğmen lieutenant
tehdit threat •**etmek** to threaten
tehlike danger
tek single, only
tekel monopoly
tekerlek wheel / tire
teklif proposal, offer
telefon telephone
tembel lazy
temiz clean –lemek to clean
temmuz July
tempo tempo
ten skin
tencere saucepan
tenha desolate
teori theory
tepe hill / top
terim term
terk etmek to abandon
terlik slippers
ters reverse
terzi tailor
tesadüf coincidence
teselli consolation
teslim delivery
testere saw
teşekkürler! thank you!
tetik trigger
teyp cassette-player
teyze aunt
tez thesis
tıkamak to plug
tıp medicine
tıraş olmak to shave
tırmanmak to climb

tırnak nail
tırtıl caterpillar
ticaret trade, commerce
timsah crocodile
tiyatro theatre
tohum seed
tok full
ton ton / tone
top ball
topal crippled
toplama addition
toprak soil / earth
topuk heel
tornavida screwdriver
torun grandchild
toz dust, powder
trafik traffic
tren train
tur tour
turist tourist
turkuaz turquoise
turuncu orange
tuş button
tutkal adhesive, glue
tuz salt
tüccar merchant
tüfek rifle
Türk, Türkçe Turk, Turkish
Türkiye Turkey

U u

ucuz cheap
uçak aeroplane
uçmak to fly
ulu great
ulus nation –lararası international
ummak to hope
umut hope
un flour
unutmak to forget
usta master, craftsman
uyarı warning
uyarmak to warn
uydu satellite
uyku sleep
uymak to fit, to suit
uysal docile, easy-going
uyum harmony
uyuşuk numb
uzak distant, remote, far
uzay space
uzun long / tall

Ü ü

üniversite university
ünlü famous
üstün superior
üşümek to be cold, to feel cold
ütü iron
üvey step
üye member
üzere about to
üzgün sad, sorry
üzüm grape

V v

vadi valley
vagon carriage
vahşi wild
vaka event
vakıf foundation
vakit time
vali governor
valiz suit-case
vals waltz
vampir vampyre
vatan homeland
vatandaş citizen
vazgeçmek to give up
vazo vase
ve and
veda fare-well
veli guardian
verem tuberculosis
vergi tax
veri information, datum –ci transmitter
vermek to give, to hand
vesaire et cetera
veteriner veterinary
veya or
vicdan conscience
vida screw
Vietnam Vietnam
vilayet province
villa villa
vinç crane
virgül comma
virüs virus
viski whiskey
vişne cherry
vitamin vitamin
vites gear
vitrin shop-window
vize visa
vokal vocal
volkan volcano
vücut body

Y y

yabancı stranger
yabani wild
yağ oil / fat –lı greasy
yağma loot
yağmur rain •**yağmak** to rain
Yahudi Jewish
yaka collar
yakalamak to catch
yakışıklı handsome, good-looking
yakıt fuel
yaklaşık approximately
yalan lie, hoax
yalnız alone, lonely
yalvarmak to beg
yanak cheek
yangın fire
yanıt answer, reply
yankı echo
yanlış mistake, error / wrong
yanmak to burn
yara wound
yaramaz naughty
yarar benefit, advantage
yarasa bat
yaratık creature
yaratmak to create
yardım help, assistance
yargı judgement
yargıç judge
yas mourning •**tutmak** to mourn
yasa law, constitution
yasak prohibition, ban / forbidden
yasaklamak to forbid
yasal legal, lawful
yasemin jasmine
yassı flat

yastık pillow, cushion
yaş age / wet, damp
yaşamak to live, to be alive
yaşlı old
yat yacht
yatak bed
yatakhane dormitory
yatırım investment
yatmak to lie down, to go to bed
yavaş slow
yay bow
yaya pedestrian
yayın broadcast, publishing
yaz summer
yazar author
yazı writing
yazmak to write
yedi seven
yeğen nephew, niece
yelken sail
yem food
yemek to eat
yemin oath
yengeç crab / (burç) Cancer
yeni new
yeşil green
yetenek talent, capability
yeter enough, sufficient
yıl year
yılan snake
yıldırım lightning
yıldız star
yıl dönümü anniversary
yiyecek food
yoğun dense / compact, concentrated
yoğurt yogurt
yol road, path / way –cu traveller
yonca clover
yorgan quilt
yön direction
yönetmek to administrate, to manage
yörünge track / orbit
yukarıda above, upstairs
yumruk fist
yumurta egg
yunus dolphin
yurt native country –sever patriot
yüksek high
yükselmek to raise
yün wool / woollen
yürek heart
yürümek to walk, to stroll
yüz hundred / face
yüzünden because of
yüzey surface, plain
yüzgeç fin
yüzmek to swim / to skin
yüzük ring
yüzyıl century

Z z

zafer victory
zalim cruel
zarar harm, damage / loss -**vermek** to damage, to injure
zarf envelope / adverb
zarif graceful, elegant / delicate
zaten besides, as a matter of fact
zayıf slim, thin / fit
zeka intelligence, wit
zeki intelligent
zemin ground, floor / background
zengin rich, wealthy
zevk pleasure / taste
zeytin olive **–yağı** oil
zıpkın harpoon
zil bell, gong
zincir chain
zindan dungeon
zirve summit, peak
ziyafet feast
ziyan loss
zor difficult, hard
zorba bully
zümrüt emerald
züppe snob
zürafa giraffe